日本戰國這樣讀

認識六位名將，
說一嘴好戰國！

月翔——著

推薦序——

一本書，加深臺日之間的理解與友誼

真田 徹（真田幸村十四代・仙台真田家十三代）

日本の戦国武将の人気がこのところ大いにたかまっており、武将の故地を訪れる外国旅行者も増加しているようです。日本人としては誠に嬉しい限りです。しかし一方では武将の格好の良さだけが強調され、室町から戦国の世の自由な国民意識が武将達を突き動かしたことには殆ど目を向けられられはしなかったのが現状です。結果は反逆、殺戮の世界を美に置換え肯定するような、ある意味日本の心とは真逆な一面が一人歩きしていることが多いのではないでしょうか。本書はこのパラドックスを見事に解き明かしてくれました。本書をガイドとして日本の戦国武将達の愛して止まなかった故郷を訪ねて見てください。きっと武将達の目指した邦が、人が今でも息づいていることを発見できるはずです。本書を通して台湾国民と日本国民の一層の理解と友情が深まることを信じております。

近年來日本戰國武將的知名度大幅提升，特地造訪武將淵源之地的外國觀光客也日漸增加。

身為日本人這確實令人高興，只可惜如今過度強調武將們的驍勇善戰，卻疏於了解從室町到戰國時代，追求自由的國民意識才是推動武將奮戰的原動力，反而讓一種對反叛與殺戮之美的肯定在某種程度上專美於前，展現與真正的日本之心完全相反的一面。

本書巧妙地為這種矛盾的情況提供了解套，各位不妨以本書為指引，走一趟日本的戰國武將們曾經深愛的故鄉，如此一來必定能發現他們依然留存至今的理想與志向。相信透過本書，將有助於加深臺灣與日本國民之間的理解與友誼。

幸村十四代 真田徹

推薦序——

素人的戰國，爽快的歷史

蔡亦竹（實踐大學應日系助理教授）

和月翔的初次相遇，是在網路上。

當時，我是還在日本浪流連的新科博士，興緻勃勃地想揪臺灣朋友一起去參加視覺系名藝人GACKT扮演上杉謙信的上越謙信公祭。不過那時候臺灣也沒幾個人知道我，想當然爾，計畫不但沒有成功，還被不少網友洗臉洗得金閃閃。但是當時月翔這位我沒見過面的網友（其實現在也還沒在現實場合見過），卻親切地安慰我，並且告訴我其實他也很想辦成像這樣的活動，畢竟日本戰國的各種參加型相關祭典，除了能讓戰國迷熱血沸騰之外，這種成功的文化觀光活動其實也能給臺灣很大的啟示。

幾年過去了，我也在遠足出了幾本書，托大家的福也有不錯的成績。然後我發現有位真的去買了套日本實裝甲冑的重度熱血戰國迷，仔細一看，這不就是當年的網友月翔嗎？而且他真的帶起日本戰國體驗旅遊團，開創了臺灣戰國迷間的新風潮。所以當月翔來訊希望我能寫推薦序時，我毫不遲疑地一口答應。因為能為同好先驅者筆耕，是我的極大榮幸。

月翔和我，都熱愛日本的戰國相關事物，同樣不是日本史本科出身。就算我在日本拿的是歷史人類學的文學博士，一和專門家相比，我的專業知識是遠遠不足的。但是那又如何？日本的戰國迷當然多過臺灣數倍，靠著語言的優勢，他們因為興趣而鑽研出來的戰國相關知識又何等厚實。這些人也不全都是日本史專家，那他們就沒資格和朋友們展開愉快的戰國談義（議論）、沒資格大家抬槓爭論誰才是戰國最強武士嗎？當然不是這樣，不管是臺灣或日本的戰國同好們，大家其實都擁有一種最強的絕對正義。

「興趣」。

對。我們不必寫戰國史相關論文，對戰國史鑽研得再深，也沒辦法拿這些知識來發大財。但是正因為興趣兩字，日本戰國孕育出了無數的影音、動漫、文字作品，也因為同好者眾而讓各地開發出許多相關商機。甚至在七、八〇年代的日本經濟極盛期，也出現了以戰國英雄作為商戰經營啟發的商業策略書籍。創造出這些產業的人們，沒有幾個真的是史學專家，但是大家都對戰國充滿興趣和熱愛。

月翔的《日本戰國這樣讀》，某種程度上繼承了戰國商業策略書的血脈，用各種公司組織和簡明易懂的現代語言，讓讀者更容易進入戰國這個有趣的世界。畢竟許多高能戰國愛好者，一開口就是各種難懂的古代用語或是各種冷門知識，來顯示自己的趴數。但是這樣的敘述方式，很容易讓讀者忘記其實戰國真正有趣之處，在於「人」之間的各種縱橫交錯。戰國英雄其實和現代人相差不遠，只是因為種種時代背景和文明演進程度不同，而讓人有種好像他們和我們是不同人種的錯覺。經由月翔平易近人的筆觸，我們不知不覺中就融入充滿有趣故事、和我們一樣有愛恨情仇的迷人戰國世界。

月翔跟我說，他不是正統派的戰國學者。但是正因為我們是「外行人」，而且是擁有興趣和熱愛這兩大武器的外行人。月翔的書就像櫻木花道一樣，擁有所謂專家沒有的親和力和滲透力，可以讓不熟悉日本、但是對戰國有興趣的朋友快速超越時空，彷彿置身於數百年的英雄爭霸現場。

武田篇

上杉篇

北條篇

織田篇

豐臣篇

德川篇

前言

日本離我們很近，只需兩三個小時的飛行時間就能到達；日文似乎不難，彷彿看懂漢字就能猜個八九不離十。也許因為如此，我們對日本常常抱著一知半解的誤會。以為戰國武將即是忠心不二的代名詞，以為戰國大名可以隨便命令家臣切腹自殺，以為德川家對村正鍛造的刀劍避之唯恐不及，以為日本人改姓入贅是數典忘祖之舉……這是因為我們已經習慣從自己的角度，觀看日本的歷史與文化。

筆者身為日本戰國時代的業餘愛好者，身兼日語領隊及導遊。很希望能透過這本書，帶領各位讀者穿越時空回到日本戰國時代。首先，邀請各位放下對日本戰國時代的既有印象，且聽我說句話。

「日本戰國時代，就像八點檔連續劇家族內鬥以及企業商戰。」

相信這讓不少讀者感到驚訝，甚至認為我在胡言亂語吧。筆者認為可以將日本的歷史演進，比喻為**柑仔店進化至便利商店體系**的過程。

早期的日本，各地有許多小部落，就像是鄉村內的柑仔店（雜貨店）。直到西元六世紀，日本的朝廷吸取隋帝國的知識文化，創立中央集權管理的「日本便利商店公司」，而天皇就是這家便利商店的社長。朝廷運用強大的武力，併吞全國各地的柑仔店，將其轉型為直屬總公司的直營店，逐漸把日本全國的商圈都納入版圖。

然而不論社長多麼英明神武，當他駕鶴西歸不得不交棒給兒子的時候，一定會面臨到家族內鬥——這個八點檔鄉土劇最愛演的橋段。新任社長的眾多叔叔伯伯舅舅阿姨等貴族，見其年幼可欺，紛紛跳出來刷存在感、搶著分權，最後貴族架空年幼的社長（**天皇**），越俎代庖掌握公司權力（**攝關制度**[1]），此時正是大家非常熟悉的平安時代。全國各地直營店上繳的加盟金有大半落入貴族口袋裡，這也難怪電影《陰陽師》裡面的貴族，成天彈琴吟詩玩愛情遊戲，偶而抽空詛咒情敵，都不用煩惱有沒有錢繳房貸與小孩的學費。

隨著日本人口成長，原本的荒地漸漸被開發，日本國內產生許多新的村落，直屬於朝廷的直營店數量不足，促使總公司開放加盟政策。一般百姓如果想開間店做生意，就一定得納入加盟體系[2]。諷刺的是，比起繳加盟金給年輕的新任社長，不如繳給總公司的貴族階層還更有保障。導致各地的加盟店長，紛紛將加盟金上繳貴族。新任社長對這些貴族也束手無策，這種現象即所謂的**莊園制度**[3]。

春去秋來，新任社長兒孫滿堂，但公司的職缺有限，無法讓所有子嗣空降當主

1 在天皇成年之前，以攝政的身分代理朝政。天皇成年之後，以關白身分輔佐朝政。合稱為攝關政治。

2 原本的土地公有制，藉由「三世一身法」、「墾田永年私財法」逐步開放土地私有。

3 貴族的莊園擁有不輸不入的特權，不用繳交田租給朝廷，莊園可拒絕讓官吏進入莊園。與其被冒著被朝廷徵收為公田的風險，農民選擇將開墾的田地獻給貴族，保有實際耕作權。

管。社長遂決定成立保全部門，將分不到職位的小孩塞進保全部門，成為**源氏**、**平氏**等貴族武士。另一方面，各地的加盟店長為了防盜防搶，也在櫃台底下準備球棒、辣椒噴霧罐武裝自己，日後成為戰國時代的國人、地侍等**在地武士**。

為了確保自己的利益，貴族之間爆發派系鬥爭。不過平時風花雪月的貴族並不想弄髒自己的手，便私下花錢請保全部門當打手。這些貴族內鬥得越兇，保全部門的勢力也就越來越大。有道是鷸蚌相爭漁翁得利，等到貴族們兩敗俱傷，原本被當作打手的保全部門經理，一躍成為全公司勢力最大的人。

而保全部門的經理是個聰明人，深知便利商店的體系盤根錯節，若貿然趕走社長及貴族，必會引起反彈。他決定架空社長及貴族，讓社長擔任名譽董事長，另一方面刪減貴族的薪水與退休金，將貴族趕到地下室的庶務二科，讓他們坐冷板凳吃冷飯。保全部門經理則以專業經理人的身分，自立為執行長（**幕府將軍**），設立「**幕府集團**」壟斷公司的營運。

就這樣，日本從部落林立的柑仔店時代（彌生時代到古墳時代），進入以天皇為頂點的便利商店時代（飛鳥時代到平安時代前期）。隨後貴族以外戚身分掌權（平安時代中期），最後是保全經理出線，以執行長身分掌管了公司的實權（鎌倉幕府、室町幕府）。

而我們所知的日本戰國時代，正屬於室町幕府時代，就讓我們稱之為「**室町幕府集團**」吧。天皇依舊是被架空的名譽董事長，貴族也還在地下室的庶務二科吃冷便當。室町幕府集團的總部設在京都，由執行長（**幕府將軍**）率領旗下幹部，採取**合議制**決定公司方針。

除了京都的總部之外，室町幕府集團另外設置了關東事業部（**鎌倉府**）以管理關東地區。由執行長的弟弟世襲關東總裁（**鎌倉公方**）[4]，另外派遣親戚上杉一族世襲關東副總裁（**關東管領**）來輔佐及監控。

室町幕府集團執行長任命手下功臣為日本全國各區的區經理（**守護**），負責管轄各區境內的直營店及加盟店。對區經理來說，直營店大多與總公司有關聯，管理起來比較容易，但加盟店長大多是在地武士（**國人**、**地侍**），如果區經理的拳頭不夠大，可能就無法駕馭加盟店長。地理位置越是偏遠的地區，區經理說話的分量就越輕。

有了以上的初步概念之後，就讓我們透過六位戰國英雄的家族史，探討日本戰國時代吧。一般認為日本戰國時代始於西元一四六七年的應仁之亂，但是在本作中我想把時間軸再往前推五十年，因為在西元一四一七年發生了動搖關東的大事，嚴重打擊

4 前一個幕府政權，鎌倉幕府的核心位在鎌倉，加上關東武士生性剽悍，具有強烈的獨立色彩。因此室町幕府設立鎌倉府，藉以安撫並管理關東武士。

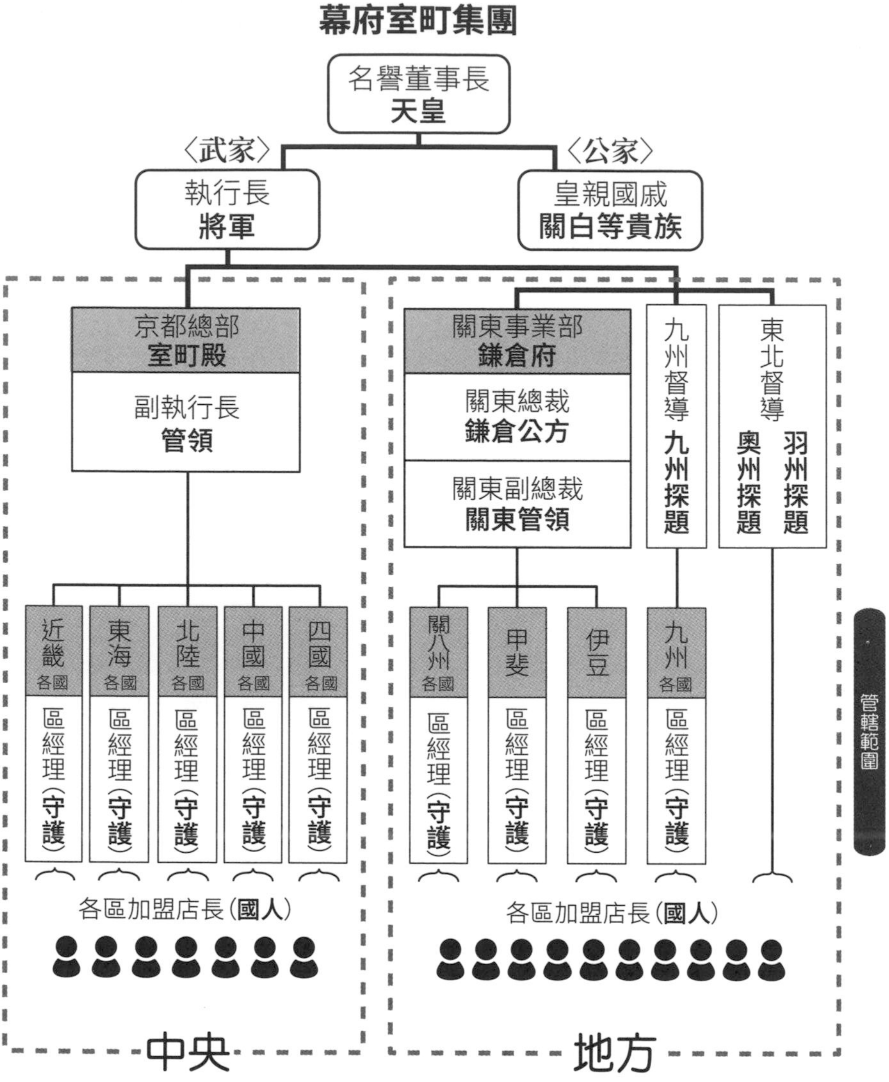

幕府室町集團

名譽董事長
天皇

〈武家〉 〈公家〉

執行長
將軍

皇親國戚
關白等貴族

京都總部
室町殿

副執行長
管領

關東事業部
鎌倉府

關東總裁
鎌倉公方

關東副總裁
關東管領

九州督導
九州探題

東北督導
奧州探題
羽州探題

近畿 各國
東海 各國
北陸 各國
中國 各國
四國 各國

關八州 各國
甲斐
伊豆
九州 各國

區經理（守護）
區經理（守護）
區經理（守護）
區經理（守護）
區經理（守護）

區經理（守護）
區經理（守護）
區經理（守護）
區經理（守護）

各區加盟店長（國人）

各區加盟店長（國人）

管轄範圍

中央 地方

關東各區的平衡。

本書的關鍵字是「**關東與京畿**」以及「**舊制度與新制度**」，第一部的三位戰國英雄家族——武田、上杉、北條，是關東地區與舊制度的代表；第二部的三位戰國英雄家族——織田、豐臣、德川，則是京畿地區與新制度的代表。書中將探討他們生涯中的重大事件，並討論每個家族相關的重大課題。

武田談的是「武田軍團」，上杉是「上杉一族與長尾一族」，北條是「關東局勢」，織田談的是「桶狹間之戰、長篠之戰」，豐臣談「檢地與刀狩」，德川則是「關原之戰、大坂之陣」。這些都是筆者接觸日本戰國時代歷史時，對於初學者很困難卻又重要的關鍵。

日本戰國時代的地名與家族的關係相當複雜，為了讓各位讀者快速入門，本書選擇透過便利商店的商戰來詮釋。這個詮釋法，或許無法解釋戰國時代所有情況，但應可用來建立概念，給予戰國初學者一個方向，並且提供進階者新的切入點。

那麼，就讓戰國導遊月翔兵長，帶著大家走一趟戰國淺度旅行吧。

武田篇

戰國時代的英雄人物武田信玄，他就像是便利商店企業底下的甲斐區經理之子。從小受到生父冷落，借助其他元老的幫助，終於成為新任區經理。為了回報支持他的部屬，為了讓甲斐武田在戰國亂世生存下去，他必須要屢戰屢勝地擴展勢力，才能為武田光耀門楣。

人稱甲斐之虎的武田信玄，他的偉大功業建築在許多犧牲之上。為了在戰國亂世生存，他放逐父親、割捨兒子、背棄盟約，即使四處樹敵，他也要燃燒生命、奮戰到最後一刻。然而信玄不惜一切打下的版圖與威名，是否能夠順利交棒到後世呢？

武田&穴山家系略圖

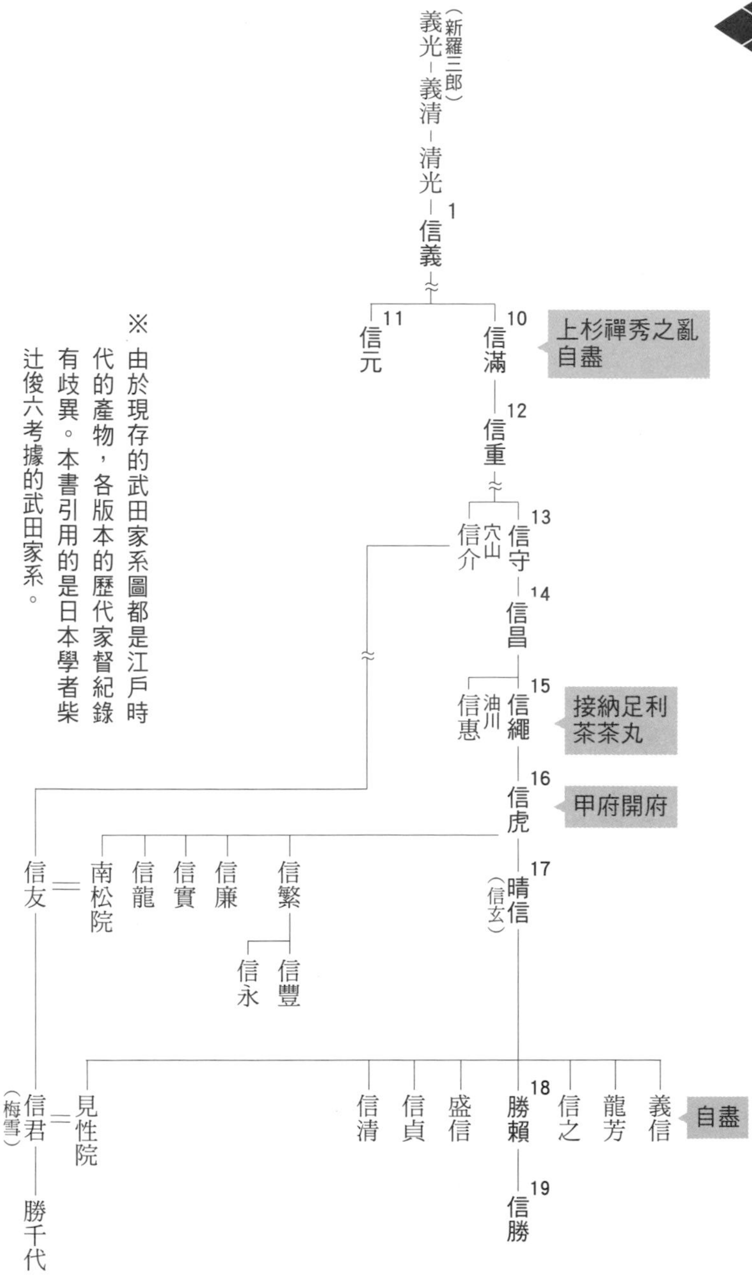

※由於現存的武田家系圖都是江戶時代的產物，各版本的歷代家督紀錄有歧異。本書引用的是日本學者柴辻俊六考據的武田家系。

第一章

甲斐武田曾經是只會喵喵叫的虎斑貓？

甲斐之虎武田信玄，日本歷史課本稱他是「**守護大名**」。這四個字似乎能從字面上領會到幾分意思，但又不容易說明白。進入日本戰國時代的第一步，就來認識一下這個名詞的意思吧。

在日本戰國時代，令制國（也就是戰國迷所熟悉的尾張、甲斐、越後等國，可參照本書附錄的令制國地圖）除了朝廷任命的國衙官員之外，還有幕府任命的役職，以及各地嶄露頭角的國人眾。因為華人社會沒有那樣的歷史背景和制度，容易摸不著頭緒。因此本書企圖透過便利商店的商戰理論，向各位讀者介紹日本戰國時代。

「大名」最早的意思是擁有許多名田的大領主，後來成為擁有廣大領地的武士之代稱，中文翻譯常詮釋為「諸侯」。

而大名前面的「守護」二字並非動詞，切莫誤以為守護大名是「守護諸侯的武士」。有些人會將「守護」一詞比喻為「縣長」，其實也不太精確，因為「守護」是幕府冊封的役職，而不是朝廷命官。守護掌管軍事領導權以及警察權，在動盪的亂世中，擁有軍火的人說話總是比較大聲，加上守護在戰國時代得到徵收一半年貢的權力，反客為主地凌駕朝廷任命的官員，因此筆者將守護設定為便利商店體系裡的區經理。

言歸正傳，那麼「守護大名」究竟是什麼意思呢？答案就是出身守護的大名。守護大名利用幕府的威勢來鞏固地盤，最後擺脫幕府的影響，以自己的威信統御領國之武士，其中的代表人物就是本章的主角武田信玄；另一方面，「戰國大名」指的是非守護出身，藉由自己實力統御領國的武士，代表人物則是織田信長。以上內容差不多是日本中學歷史的程度，就連很多日本學生都搞不太清楚，換句話說。只要能解釋守護大名和戰國大名的差別，就能夠嚇倒許多日本人了！建立起以上的基礎認識之後，就把話題拉回到甲斐武田吧。

甲斐武田的根源——原來是尊爵不凡的源氏啊！

若以企業組織比喻，甲斐守護相當於京都總部執行長任命的甲斐區經理，甲斐境內的加盟店（**在地武士**）都歸他管理。因此甲斐守護理論上應該是呼風喚雨、喊水會結冰的高層幹部，但是信玄的前幾代祖先對境內的武士束手無策，像是公司裡面叫不動人的無能區經理。直到信玄的父親信虎這代，才統整了甲斐境內的武士勢力。

探討甲斐武田家的歷史，要從貴族掌權的平安時代開始說起，清和天皇賜子嗣「源」氏，稱為清和源氏。出身清和源氏的新羅三郎義光，其子孫搬到常陸國武田庄後，便以「武田」為姓（日文又稱為苗字）。可說是家中有屋又有田，生活樂無邊。可惜家族中有人犯罪而受到連坐處罰，一族被貶到甲斐。不過，對於甲斐境內的百姓來說，這可是流著皇室血脈的貴人大駕光臨，說不准還有血繼限界[1]呢。所謂塞翁失馬焉知非福，信玄的祖先明明是犯罪被貶，竟然在甲斐風風光光地落地生根，稱為甲斐武田。

甲斐國自古以來就是良馬的產地，甲斐源氏以弓馬騎射之術，在戰場上立下了許多功勳，因而被第一代武家政權，也就是源賴朝開創的「鎌倉幕府」任命為甲斐守護。即使到了日本戰國時代，嚴格來說是第二代武家政權——室町幕府時代，甲斐武田家依然保有甲斐守護的身分。對甲斐的人民來說，甲斐源氏不只是血統尊貴的貴人，還是幕府認可的甲斐國最高軍事領導者。

這麼說來，甲斐武田不僅血緣上贏別人一截，還有幕府當靠山的霸氣，應該是讓

1 出自漫畫《火影忍者》，意指藉由血脈繼承的特殊能力。被轉用來諷刺形容擁有顯赫家世的人生勝利組。

人望之生畏的人生勝利組。為什麼會家道中落，一度成為病貓呢？

再怎麼血統純正也禁不起大亂鬥——武田甲斐的危機

在談甲斐武田的衰敗之前，先讓我們回顧甲斐武田面臨的局勢。室町幕府時代，京都總部的執行長（**幕府將軍**）設置了關東事業部（**鎌倉府**），讓弟弟擔任關東總裁（**鎌倉公方**），再讓親戚上杉一族擔任關東副總裁（**關東管領**）輔佐。而甲斐武田家身為甲斐區經理（**甲斐守護**），歸關東總裁管轄。各位讀者可能會有疑問，為什麼執行長不親自管轄關東，而要另外創立關東事業部呢？除了地理距離遙遠之外，更因為東日本與西日本的風土民情不同，加上第一代武家政權鎌倉幕府是借助關東武士之力才創立的，關東武士具有很強烈的獨立色彩。說到東西日本的較勁，可是領先臺灣的戰南北數百年呢。

所謂天有不測風雲，有人的地方就有江湖。關東事業部的總裁足利持氏與副總上杉禪秀起了衝突，最後演變成戰爭，史稱「**上杉禪秀之亂**」（詳情請參見北條篇第一章）。武田第十代家督武田信滿是副總裁上杉禪秀的岳父，甲斐武田家因此被捲入關東事業部派系鬥爭，最後信滿在西元一四一七年切腹自盡，成為權力鬥爭下的犧牲品，甲斐區也轉眼間成了家裡沒大人的無主之地。

而甲斐境內除了**甲斐武田本家**之外，還有許多系出同源的**分家**，他們以居住地為苗字，分出了穴山、油川、大井等不同的家系。這些人看到本家家督切腹自殺，就個個起來搶地盤。最後陷入武田一族本家與分家的同族相殘大亂鬥，比鄉土劇更加曲折離奇。

京都的執行長看到甲斐區一團亂，覺得這樣下去不是辦法，前後命令切腹自殺的第十代家督的弟弟信元和兒子信重繼承甲斐區經理，回去收拾殘局。可是這時候甲斐境內大大小小的領主已經殺紅了眼，貿然回到甲斐只是白白送死，直到總公司命令其他區經理出兵幫忙，甲斐武田本家的後人才回到甲斐重整局勢。只是事情演變至此，武田區經理的威信已經一落千丈，變成一隻只會喵喵叫的虎斑貓。

況且還屋漏偏逢連夜雨，到了武田第十四代家督信昌在位時，明明已交棒給長男信繩，事後又想改立次男信惠當繼承人，搞得甲斐國內分成兩派內鬥。所幸這場繼承人之戰，最後是長男派獲勝，雙方握手言和，暫時平息了這場風暴。但也種下了災禍的種子。

貓被欺負久了也是會咬人的——武田信虎的崛起

第十四代、十五代家督接連過世後，由年僅十四歲的**武田信虎**接任第十六代家督。信虎這個名字取得真好，原本衰敗不振的武田虎斑貓，在他的時代搖身一變，成為威震四鄰的猛虎。

而當年那個繼承人之戰的次男名為**油川信惠**，論輩分是信虎的叔叔，他看信虎年幼可欺，決定起兵奪取武田家督的寶座。但是武田信虎也不是省油的燈，西元一五〇八年，他在戰場上斬殺了叔叔油川信惠，確立自己的威信，隨後花了十年的時間，用武力讓甲斐國內的分家與在地武士乖乖歸順，就連甲斐國內兩大勢力——小山田、穴山也向武田本家低頭。

如果從戰國時代的遊戲來看，小山田與穴山這兩大勢力，似乎只是一個能力中上的中堅武將。但是小山田家有北條家當作後援，穴山家背後則有今川家當靠山，要讓這兩家乖乖順從，可不是簡單之事。雖然信虎順利壓制他們，但比起絕對的上下關係，武田和他之間更接近同盟關係。到之後武田家面臨存亡之際時，這兩家的後人穴山梅雪和小山田信茂，可說是武田滅亡的最後兩塊骨牌。

第十六代家督武田信虎，統整了甲斐境內將近一百年間的亂象，重新建立甲斐守護的威信。西元一五一九年，信虎將居館移至現在的甲府。而二〇一九年正好是甲府開府五百週年，甲府鑄造了武田信虎的銅像，來紀念這一個明明很重要，卻總是被忽略的人物。

既然武田信虎成功重振家業，又為什麼會受到世人的冷落呢？大概是因為他生了一個太過傑出的兒子，也就是我們所知的甲斐之虎武田信玄吧。箇中原因，就留待下一章再來探討。

第二章

慟！武田信玄是放逐父親的不肖子?!

信玄出身**清和源氏**，姓**武田**，幼名太郎、勝千代，元服名為**武田晴信**，出家之後法號為德榮軒信玄。為求化繁為簡，以下統一以**武田信玄**稱之。在談信玄之前，我們先來看看他誕生後那幾年發生的事。

信玄的父親，也就是中興家業的武田信虎，將居館搬到躑躅崎館，奠定了現今山梨縣甲府市的基礎，並於躑躅崎館東北方二．五公里遠的積翠寺，建立要害山城。躑躅崎館與要害山城，一個是行政的中心、一個是戰時的軍事據點，互為犄角聯防。西元一五二一年，信虎統合甲斐的國人眾擊退外敵，展現身為甲斐之主的威信與霸氣。武田信玄在戰事正酣之際，誕生於要害山城。

此戰之後，信虎命令境內的豪族搬到甲府城下町居住，此事看似雲淡風輕、不痛不癢，但在當時可是大新聞。以企業的角度來看，就像是甲斐區經理（**甲斐守護**）要求境內加盟店長（**國人眾**、**地侍**）定期住進公司宿舍集中管理[2]。而這些加盟店長，當年可是鬥成一團、殺得你死我活，更在戰場上逼死了好幾位武田家督。從這點來

2 躑躅崎館的所在地是甲府的武田神社，周遭有家臣屋敷遺跡。但家臣是否常駐於此，或者是進城時的居所，目前的考證還不足。

看，信虎對甲斐在地勢力的掌握可說是得心應手。

在內政方面，信虎透過封鎖道路等方式，一步一步地對加盟店長施壓，減弱他們的自主性；外交方面，信虎介入了今川家繼承人之戰「花倉之亂」[3]，並將長女嫁給今川義元。另將六女嫁到信濃的諏訪家，以婚姻同盟穩住了南方以及西北方的防線。

與周遭勢力打好關係之後，信虎將下一個攻略的目標，對準北方的信濃國佐久郡。看似如日中天的信虎，卻在陰溝裡翻船……

出門兜個風竟有家歸不得？信玄的無血政變

西元一五四一年，信虎前去駿河拜訪自己的女婿今川義元，沒想到，留守老家的兒子武田信玄竟然派兵封鎖關口，宣布放逐父親並接任武田家督。這簡直就像八點檔鄉土劇中，不孝的兒子用出門兜風當理由，把老父親騙進安養院，回家還換門鎖呵呵奸笑的狗血橋段。這類的戲劇通常會有兩種走向，一種是不孝的兒子遭到報應，再配上「大快人心精彩大結局」的宣傳標語；另一種則是父子大和解，全國觀眾跟著劇中的父子一起哭成一團，跑馬燈還會打出「家和萬事興」之類的勸世警語。

3　名門今川家世襲駿河守護，第九代當主今川氏親（北條早雲的外甥）逝世之後，他的正室壽桂尼輔政，年僅十四歲的長男氏輝繼承家業。但是氏輝體弱多病，在二十四歲猝死。五男今川義元和他的庶兄，遂展開家督寶座爭奪戰。這場內鬥稱為花倉之亂，今川義元對內得到了壽桂尼以及重臣的支持，對外得到了北條家的援軍以及武田家的協助，終於贏得勝利。

但是甲斐武田家這齣人倫悲劇，結局可說是跌破眾人眼鏡。信玄發動政變之後，此生再也沒見過自己的父親。而被放逐的武田信虎，雖然活得比自己的兒子還長命，但是有生之年都無法回到故鄉。究竟這對父子之間，有什麼深仇大恨？這場政變的背後，有多少錯綜複雜的關係呢？

關於這場人倫悲劇兼政變，最常見的說法，莫過於武田信虎暴虐無道，做兒子的信玄只能含淚放逐父親。在這個主流說法的影響下，不論大河劇，或是小說、漫畫等創作，信虎都被描寫成剛愎自用又殘忍無道的獨裁者，例如信虎想看胎兒的模樣，便命人剖開孕婦的肚子，或是為了練習鐵砲而射殺無辜的農民。但是仔細想想，不管是商紂王、武田信虎都有殘殺孕婦的傳說，簡直是形容暴君的起手式，不可輕易相信。況且在信虎被流放的西元一五四一年，日本應該還沒有鐵砲，要等到兩年後才從種子島傳入日本[4]。

記載甲斐武田家的史料《妙法寺記》、《高白齋記》中，並未具體記錄信虎的惡行，而《塩山向岳禪庵小年代記》雖提到「信虎惡逆無道」，但未描述信虎實際做過什麼傷天害理的事情。我們只能說信虎的風評不好，但不能像天橋底下說書人汙衊包龍星那樣，隨便用莫須有的罪名抹黑信虎。

4 根據《鐵砲記》的記載，鐵砲在西元一五四三年傳入日本，但學界有其他異說。

另外有一種陰謀論，認為信玄和信虎父子模仿周瑜和黃蓋，為了武田家的未來演了一場苦肉計。信虎認為自己的兒子信玄骨骼精奇，是百年難得一見的戰國奇才，因此決定將領地交給信玄治理，自己跑去女婿家當臥底刺探軍情，只差沒把如來神掌祕笈傳給信玄。不過這種陰謀論已經被學界否定。

父子反目的真正原因是什麼呢？目前學界有數種說法。研究武田家歷史的日本學者平山優認為這場政變的主因是繼承權問題，加上信虎的外交方針及苛刻的軍事動員，引起家臣們的不安與反抗。

有人認為比起嫡長子信玄，信虎更喜歡次子信繁。《甲陽軍鑑》中有一則非常有名的逸事，信虎在正月的宴會上，無視長子信玄的存在，賜酒給次子信繁，被認為是廢嫡的徵兆；另一種說法認為信虎、信玄這對父子的理念不合，信虎經歷同族刀兵相向、甲斐國內秩序大亂的年代，他的治國之道是以力服人的霸道。受到典籍薰陶的信玄則是走王道路線，屢屢對父親的施政方針保持不同意見，導致父子兩人漸行漸遠。

但比起**父子不合**，更大的問題其實是**家臣團的反彈**。甲斐國經歷將近百年的內部紛爭，國人與地侍擁有強烈的獨立色彩，對武田信虎的專制統治心生不滿。加上信虎前期的戰略方針並不明確，今天打北條、明天打今川、後天打諏訪，只要有利可圖就發兵進攻，把周邊所有的鄰居都得罪光。雖然信虎在後期調整方向，先和睦鄰國免除後顧之憂，再專注攻略信濃。但是信虎在外交方向上的幾個連續大彎，早已引來家臣的反彈。

關於信虎與家臣團的不合，史料《勝山記》有兩篇紀錄。一則是西元一五三一年，譜代家老飯富虎昌聯合國人領主謀反；另一篇記錄是西元一五三六年，在今川家的花倉之亂中，信虎下令全力支援今川義元派系，卻遭家臣反對，憤怒的信虎逼迫家臣切腹自盡，此舉引發奉行眾棄職出奔。

若以企業結構為喻，就好比是甲斐區經理信虎才剛指示各加盟店下一季要做熱可可的促銷，當加盟店忙著向廠商訂貨、談折讓時，區經理卻突然改變方針，改做熱紅豆湯促銷戰。這下各分店訂的熱可可全部報銷，還得因改變銷售方針而向廠商賠罪。信虎的政策髮夾彎，不只引發加盟店的不滿，就連區經理辦公室的會計專員都一起離職不幹。

雖然信虎和家臣之間有摩擦，所幸信虎的戰鬥能力很強，國人眾只要跟著信虎出兵，都能得到恩賞或是新的領地。看在錢的份上，底下的人仍舊願意為信虎效力。

除了以上這些說法之外，桑田忠親、奧野高廣這兩位戰後的日本史學大師，認為信虎的獨裁政治，讓信玄以及家臣團感到憂心，就連直屬信虎的奉行眾都抗命出奔，嚴重影響了甲斐守護的威信。因此對未來感到憂心的家臣團，才與年輕的信玄聯手發動了這次的政變。

而研究今川家的日本學者小和田哲男，以《甲陽軍鑑》與某年九月二十三日今川義元寫給信玄的書信為依據，指出今川義元擔心岳父武田信虎勢力過於龐大，因此配合信玄發起的政變。但是關鍵的書信僅記載日期而沒有年份，只能解讀出今川義元曾寫信給信玄，討論如何安頓信虎的生活。至於今川義元和信玄是不是事前就聯手發動這場政變，證據還不足。

總而言之，信虎和信玄的父子不合、信虎與家臣之間的衝突，就像兩顆未爆彈。而接踵而來的颱風與大饑荒，如同點燃未爆彈的引線，讓信玄和家臣團決定聯手發動政變。

根據《勝山記》記載，西元一五四〇年八月，強颱侵襲甲斐，強風吹倒了富士淺間神社的鳥居，許多森林巨木倒塌，更引起大浪淹沒了多數村落。隔年一五四一年又發生大飢荒。即使天災連連，信虎還是命令家臣出兵，聯合諏訪、村上攻打信濃國小縣郡。此戰之後，事情的發展如前所述，當信虎前往駿河拜訪女婿今川義元時，年輕

武田家臣

「問我有多討厭信虎？如果你滿了，那我就漫出來啦！」

的信玄便和其他家臣聯手，趁著信虎前往駿河的途中，截斷父親的退路並且宣布改朝換代。

在戰國時代，兄弟鬩牆或同族相殘是司空見慣之事，但通常會引發後續的內戰。如果今川義元有心，他大可出兵協助信虎打回甲斐，趁機分一杯羹，但是今川義元卻選擇收容信虎。唯有上杉謙信曾在川中島之戰開戰前，拿此事向神明告狀，嚴厲批判信玄是個不孝之人。

那麼甲斐國境內的百姓，對於這場政變的評價如何呢？關於這點，《勝山記》中記載「百姓、武士、僧侶、男男女女個個無限欣喜滿足」；《塩山向嶽禪庵小年代記》的記載更為有趣，透過將動物擬人化描寫「信虎生平惡逆無道，不僅是百姓，就連牛馬牲畜也都非常苦惱」，信玄政變之後則記載「人民都含笑快樂」，這次倒是沒提到動物的意見。

反正戰國時代的飲食習慣不吃獸肉，人民開心也不至於害到牛馬牲畜成為慶功宴上的佳餚。可喜可賀，可喜可賀。

第三章 我要打十個！強者的宿命就是戰

信玄放逐父親後繼承家業，逐漸擴大勢力成為戰國時代的強者。但是不可諱言，如果沒有父親信虎統合甲斐國中秩序，信玄的改革恐怕得花上更多時間。甲斐國多山，生產力遠不如今川、北條等戰國英雄的領地，為與其他大名抗衡，非得擴充厚實自己的實力不可。因此信玄對內強化治水與領地開發，對外擴張攻打富庶的領地，他延續信虎的方針，將矛頭指向西北邊的信濃國諏訪郡。

信玄的信濃攻略之路，得諏訪大社便得民心

諏訪郡境內的最大勢力是**諏訪大社**。信玄的妹婿名叫諏訪賴重，他在少年時期擔任「大祝」，可以說是神明在人間的代行者，成年交出大祝之職後，成為統領諏訪本家的武士領袖，兼具宗教及軍事領導者的地位。在動盪戰亂的戰國時代，宗教信仰具有凝聚人心的功能，因而逐漸演變成強而有力的地方勢力。不僅諏訪大社如此，就連

二十一世紀的臺灣，也有宗廟勢力列席旁觀議長選舉的前例。在宗教的力量如此強大的情況下，信玄想要拿下信濃，勢必得先整併諏訪。

人不犧牲付出，自然無法得到回報。想要得到什麼，就必須付出同等的代價，此乃等價交換的原則。信玄背負不孝的罪名，放逐父親信虎，換來武田家督的寶座。他甚至親手斷送妹妹的幸福，換來諏訪領地。在信玄發動政變的隔年四月，信玄的妹妹和諏訪賴重生下一子。然而新生兒出生不到三個月，信玄便以妹婿違背盟約為理由，聯合諏訪的分家發兵攻打諏訪。臺灣俗諺說「天上有天公，地上有母舅公」，舅舅可說是母系家族的代表，在東方社會佔有重要的地位。但是信玄這個舅舅，帶給外甥的卻是家破人亡的悲劇。諏訪賴重最後自殺身亡，信玄的妹妹則在半年後病逝，信玄的外甥成了無父無母的孤兒，最後消失於史籍中[5]。

在此奉勸各位女性同胞，如果哪天有幸穿越的話，最好和《王家的紋章》一樣穿越到古埃及，或是像《夢幻遊戲》成為朱雀巫女受到七星士保護也不錯，其次是穿越到唐、清帝國當公主或格格。什麼都好，就是不要穿越到日本戰國時代當公主，因為戰國時代的大名之女幾乎百分之百是政治結婚，而且多數不得善終。

為什麼會這麼說呢？剛才提到信玄聯合諏訪的分家一起出兵，瓜分諏訪本家的領

5 信玄的外甥名為寅王丸，相傳年幼夭折，也有出家為僧或是企圖暗殺信玄失敗而死的傳說。

地。隨後諏訪分家與武田家起了衝突，被信玄給擊敗。信玄等於是利用諏訪家的內鬥，拿下了諏訪郡的統治權。此外，信玄為了穩固諏訪的統治權，還迎娶妹婿與側室所生下的女兒，史料記載為「諏訪御料人」，小說中名為由布姬或是湖衣姬。這位年輕的公主嫁給自己的殺父仇人武田信玄，為了延續諏訪的血脈生下子嗣，年紀輕輕就香消玉殞。至於信玄與諏訪御料人的小孩，名為**諏訪四郎勝賴**，這個名字重要到值得說三次。

根據企業結構，信濃國由信濃區經理（**信濃守護**）小笠原長時所管轄，但是在諏訪郡，只有諏訪大社說的話才算數。而諏訪四郎勝賴身上流著武田與諏訪的血，是武田家統治諏訪郡最好的代言人。仗著這層關係，武田軍打著諏訪大明神的金字招牌和神旗，不僅提升士氣，一般百姓也不敢隨便批評神明，免得成為諏訪湖的消波塊。因此對信玄來說，諏訪御料人與諏訪四郎勝賴這對母子，說不定只是用來控制諏訪地區的工具人罷了。

閒話休提，讓我們回到武田信玄的信濃攻略。如果用便利商店的商戰來比喻，甲斐區經理信玄併吞了人氣最旺的諏訪大社便利商店，並順利說服其他信奉諏訪大社神明的店長歸順加盟。然而如此意氣風發的信玄卻在他二十八歲那年踢到鐵板，信玄在攻打北信濃時，敗給了戶石城便利商店的店長村上義清，導致武田家在信濃的支持率嚴重下滑。

好在事情在三年之後產生轉機，出身北信濃的真田幸綱，也就是名將真田幸村的爺爺，靠著買通便利商店工讀生，用計奪下戶石城便利商店。讓信玄重新在北信濃取得優勢，成功將村上義清及信濃區經理趕出信濃。

從信玄發動政變成為武田家督，到驅逐信濃守護，花了整整十二年光陰，信玄終於取得信濃絕大部分的統治權。但所謂禍福相依，拿下北信濃不見得是一件好事。由於北信濃離越後國實在太近，導致信玄不得不和他畢生的宿敵，即人稱越後之龍的上杉謙信[6]展開正面衝突。而信玄與謙信的戰爭，就是膾炙人口的五次**川中島之戰**。

不過在談川中島之戰前，得先釐清信玄與鄰近諸國的關係。信玄讓長子義信迎娶今川家的女兒，藉以重新確立武田與今川兩家的盟約。信玄接著又將女兒嫁給北條氏康的兒子氏政，而北條家也把女兒嫁給今川氏真。就這樣，武田、北條、今川三家之間締結了婚姻同盟，稱為**甲相駿三國同盟**[7]。雖然這個盟約讓武田免除後顧之憂，專心攻略信濃，但沒想到日後竟成了武田向外發展的阻礙。

6 上杉謙信之名使用的時間點比五次川中島之戰還晚。前三次的川中島之戰，應該稱他為長尾景虎，第四次川中島之戰則是上杉政虎，第五次則是上杉輝虎。為避免繁雜，在此統稱為上杉謙信。

7 甲相駿是甲斐、相模、駿河的合稱。

甲斐之虎VS.越後之龍，宿命的川中島之戰

信玄在三十三歲那年（西元一五五三年），首次對上宿敵上杉謙信，隨後兩人在北信濃打了三次川中島之戰，還是沒辦法分出勝負，正如《牛仔很忙》的歌詞，每天決鬥想必觀眾都累了，英雄也累了。終於在西元一五六一年，信玄與謙信於川中島進行第四次對戰。一般為戰國迷熟知的川中島之戰，指的就是這場戰爭。這場名戰役的實際傷亡人數不明，《甲陽軍鑑》記載兩軍合計陣亡約六千人左右，《甲越信戰錄》則記載八千人左右。武田軍損失了武田信繁為首的多數武田將領，終於在北信濃站穩腳步。關於前後共五次川中島之戰的詳細情況，我們留待上杉篇的第三章與第四章再詳談。

總之第四次川中島之戰，帶給武田信玄極大的震撼。上杉謙信的用兵能力之強，與信濃的國人眾根本就是不同檔次。讓武田軍不只損兵，還失了好幾員大將。此戰之後，武田軍將領紛紛表示：「上杉謙信的戰鬥力果然不同凡響，我的戰鬥力只有六千，他起碼有一萬以上！」

不僅如此，上杉謙信繼承關東管領，以企業架構來看，相當於就任關東事業部的

甲斐之虎VS越後之龍

副總裁。因此川中島之戰的重要性，從原本爭奪北信濃地盤的地方戰役，演變成足以影響關東局勢的重要戰爭。在武田想要統一信濃、北條想要稱霸關東的情勢下，謙信成了他們共同的敵人。於是信玄在第四次川中島之戰後，放棄對北信濃的執著，將軍事目標轉移到西上野，聯合盟友北條對抗上杉謙信。

　　但是話又說回來，東邊的關東畢竟是盟友北條家的地盤，使得武田家的發展空間受限；而北邊又有上杉謙信這個難纏的對手；西邊雖然可以走山路進濃

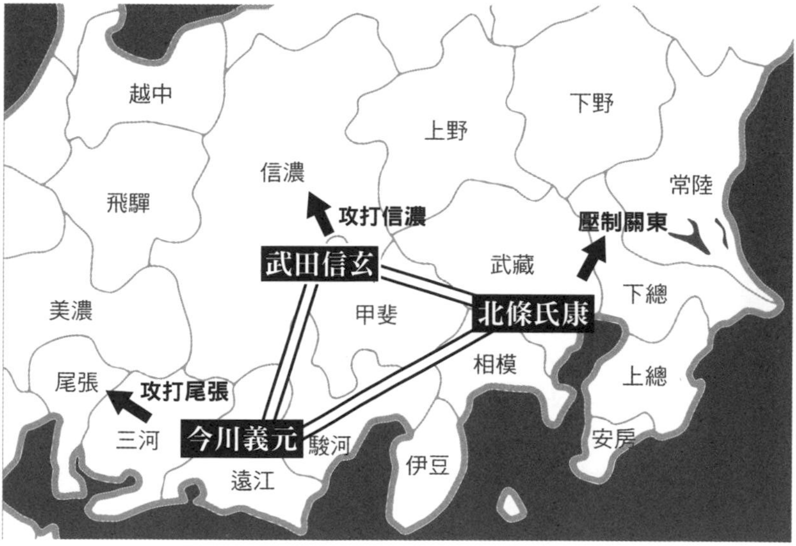

甲相駿三國同盟（1554）

尾平原，但這條路線崎嶇難行，雄霸美濃國的齋藤道三也不是簡單人物。所謂量小非君子，無毒不丈夫。武田信玄為了擴張版圖，下了一個重大的決定——既然東邊、西邊、北邊都打不開出路，唯一的出路就只剩下南邊的盟國今川家的領地了。

背信攻打今川，賠了兒子又折盟友

甲相駿三國同盟的重要人物今川義元，於西元一五六〇年的桶狹間之戰中戰死，也就是第四次川中島之戰的前一年。信玄起初很講道義，全力支持今川家的接班人兼自己的外甥今川氏真，但是眼看今川領地內的國人眾逐漸叛離今川家，今川家所擁有的駿河灣與東海道的沃野，就像惡魔的呢喃，不斷在信玄耳邊迴繞。從桶狹間之戰開始，一直到信玄下定決心撕毀盟約攻打今川，整整過了五年。這也許顯示了深受儒學薰陶的信玄[8]心中多少有點苦惱吧。

「所謂人而無信，不知其可也，怎麼可以違背信義攻打自己的盟國呢？但是司馬遷又說天與弗取，反受其咎，我的外甥今川氏真治國無方，我身為他的舅舅，逆取順守也是符合天道。我和謙信在川中島打了五場仗，交手十二年也未能分出勝負。人生

8 武田家深受儒學漢典的影響，像是信玄飽讀詩書、推崇中庸之道，而信玄的弟弟信繁留下九十九條家訓，內容以儒學為中心，引用許多典籍的典故。

還有幾個十二年呢？武田家的發展就像孩子的學習一樣不能等啊……」換作是一般人，應該也會上演這麼一場天人交戰的內心小劇場吧。

不過信玄打算將軍事目標轉移到南邊的盟國今川一事，卻遭到信玄的嫡子義信大力反對，因為其正室乃今川義元之女。義信在西元一五六五年聯合飯富虎昌等重臣，意圖發動政變逼信玄下台。這一年信玄四十五歲，義信二十八歲。

二十四年前，年輕的信玄與重臣聯手放逐父親信虎，如今自己的兒子竟然打算重演父子相爭的家族悲劇，想必信玄心中應該感慨萬分吧。信玄當機立斷地軟禁了義信，處死飯富虎昌等政變參與者，要求所有的家臣重新提出誓書，宣誓效忠信玄絕無二心。織田信長得知此事之後，迅速地提案將養女嫁給信玄另一個兒子，也就是前文提到的諏訪四郎勝賴，織田與武田兩家藉由婚約締結同盟關係。

義信被軟禁一年多之後，在西元一五六七年自盡身亡。而織田信長亦於同年統一美濃，他打算擁足利義昭上洛，又怕上洛的途中發生事端，於是端出一塊肥美的牛肉給信玄，勸誘信玄與德川家康一起瓜分今川家領地。隔年的西元一五六八年，武田信玄進攻駿河、德川家康進攻遠江，而織田信長則擁足利義昭上洛，戰國時代的三位重要人物都從中得到好處。信玄聯合德川家康，吃下今川家的駿河，得到了渴望已久的海港。但是信玄撕毀盟約攻打今川的背信行為，嚴重激怒了盟友北條氏康。

武田家遭受外交懲罰，落得必須同時應付多重戰線的下場，在上野、相模與北條交戰，另在駿河與今川的殘存勢力交戰。所謂強者的宿命就是戰，信玄就像是葉問上身一樣多方開戰，只差沒說要打十個。不過信玄始終不敢小看他的宿敵謙信，他藉由織田信長與足利義昭的仲介，和北邊的謙信議和停戰。

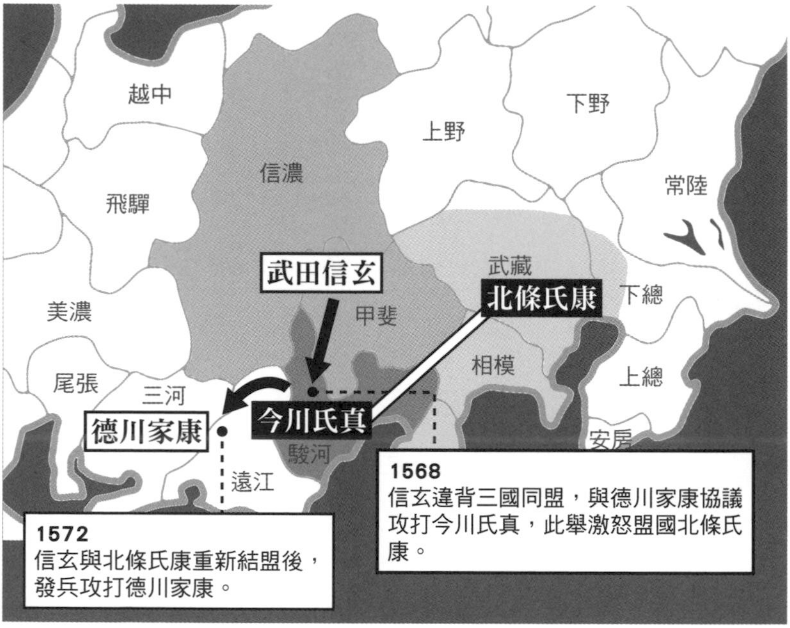

武田信玄變更戰略（1568）

信玄花了兩年的時間，掃蕩駿河境內的反武田勢力。正要喝一杯水潤潤喉的時候，猛然發現德川家康與上杉謙信結盟，意圖要包圍武田。更令信玄驚訝的是，當年低姿態的織田信長，如今竟然像是吃了禁藥還是打了針一樣，急速地擴張勢力。信玄越想越不對勁，便在足利義昭以及本願寺的拉攏之下，加入了**信長包圍網**。

此時北邊有上杉謙信、東邊有北條氏康這兩個勁敵牽制，信玄無法大舉率軍西征。但是信玄也不是省油的燈，他派部下從三河及遠江的北部下手，說服德川領地北部的國人眾倒戈武田，如此一來，信玄只要等待時機成熟，就能夠攔腰截斷德川家的控制網。

西元一五七一年十月，北條氏康病逝，武田與北條兩家重新結盟。武田信玄這頭猛虎，終於可以無後顧之憂地沿著東海道西征。而德川家康身為織田信長的盟友兼防波堤，說什麼也要擋住信玄的攻勢。

信玄最後的大戰，同時也是德川家康人生的大敗仗，**三方原之戰**即將開打。

決戰三方原！燃燒不完全的武田信玄

西元一五七二年十月，武田信玄率領二萬五千大軍，兵分二路劍指德川家領地。信玄的本隊先是沿著天龍川南下，壓制天龍川東岸軍事據點，將遠江國從中間切成兩半；而武田四名臣之一的赤備猛將山縣昌景則率領分隊從奧三河進攻，控制三河與遠江的聯絡道路，與信玄本隊在天龍川上游的二俣城會師。與此同時，信玄也派了秋山虎繁攻打東美濃的岩村城，以牽制德川家康的盟友織田信長。

面對信玄的二萬五千大軍，家康的軍力只有八千，就算加上信長派來的三千士兵，總數也不過武田軍的一半，正常情況下是不會貿然與武田軍正面對決的。因此信玄決定下一手好棋，將家康引出來一戰。

十二月二十二日，信玄率兵往西方的三河國進軍，完全無視位於南邊濱松城內的家康。關於家康出戰的原因，根據江戶時代的資料敘述，指稱家康是為了維護武士的尊嚴，而打了這場明知可能打不過的仗。但試想家康此時已年過三十，經歷過大大小小的戰事，早已不是血氣方剛的少年郎，因此這種吹捧家康的說法直叫人眉頭一皺，覺得案情並不單純！

首先織田信長派三千援軍的目的，除了助陣之外，更重要的工作是監督德川家康。而家康的首要任務，就是要**拖住武田信玄**，避免信長受到朝倉、本願寺、武田三方夾攻；其次，武田軍沿著天龍川將遠江國攔腰斬斷，山縣昌景則從奧三河入侵之後向東會師，如果放任武田軍主力大搖大擺地進入三河國，東三河的國人領主勢必會倒戈武田家，如此一來，不僅家康所在的濱松城會遭受東西兩側包夾，岡崎城與濱松城這兩大據點的聯絡網也將被截斷。所以說，無論是為了信長，或是為了德川家的家業，家康勢必要出戰牽制信玄。

除了信長賦予的任務，以及治理領地的壓力之外，武田軍更在登上三方原台地時刻意露出背後的破綻，引誘家康進攻。儘管明知是信玄設下的請君入甕之計，家康也不得不往裡面跳。甲斐之虎武田信玄，真的是挖洞給人跳的高手高手高高手。

下午二點左右，武田軍登上三方原台地後，立刻原地迴轉朝著濱松方向布軍。武田軍共分成三隊，中央是武田信玄的旗本隊以及馬場信春等部隊，左翼是內藤昌豐率領的西上野眾等部隊，右翼則是小山田信茂及山縣昌景等部隊；至於尾隨而來的德川與織田聯軍，由地主德川軍率先，織田援軍押後。家康原本以為有機會背刺武田軍的弱點，但一登上三方原台地，才發現自己掉進了武田信玄挖好的陷阱。假使德川軍此時能夠穩住陣腳，或許可以趁著日暮，以熟悉地利的優勢，穩住軍心與陣型再做打算。但是戰國時代的軍隊，是大名旗下的部將率領各自的士兵參戰，因此士兵的素質以及命令的執行度，正是左右勝負的關鍵。

武田軍既已成功地引蛇出洞，信玄自然不希望德川軍撤退，靠著旗下的小山田軍對德川軍發動投石戰，順利地激怒並誘導德川軍前鋒攻來。兵力只有敵方一半的德川軍，面對前線的士兵擅自對武田軍發動攻勢，家康的軍令又無法貫徹到最前線，情況可說越來越不利，因此家康決定讓織田軍先撤退。

從古至今，撤退戰總是最難打的戰局，織田援軍撤離時，連帶影響德川軍的士氣，陣勢大亂。武田信玄見敵軍開始動搖，立刻展開追擊。根據德川方《本多家武功書》的紀錄，開戰的時間是酉時，大概是下午四點到六點之間，而武田軍展開追擊的時間點，太陽應該已經下山了，使得不熟悉地形的武田軍跌落山谷，信玄只好下令停止追擊。

信玄在三方原之戰重挫德川軍，但誘敵深入的戰術做得不夠完全，最終還是讓德川家康強運地逃出陷阱。以我們現代人的後見之明來看，信玄燃燒生命的奮力一擊，卻沒辦法打中家康的要害，實在是天意弄人。三方原之戰後，武田軍理應秋風掃落葉般向三河推進，但是信玄的病況日益加重。武田軍攻下三河的野田城之後，便沿著奧三河的山路返回信濃。最後，信玄在西元一五七三年四月十二日於駒場逝世，享年五十三歲。

關於信玄的死因有很多種說法，有一種浪漫的說法是信玄在攻打野田城時，因為專注聆聽笛聲而被鐵砲射死，也有信玄因壓力導致重度胃潰瘍的說法。而目前學界最普遍採用的死因，則是肺結核或癌症。

第四章 誰是接班人？武田勝賴的憂鬱

儘管武田信玄在三方原之戰燃燒生命，交出了不錯的成績單，但戰後他的體力一落千丈，可說是大限之期不遠矣。武田家的基業要如何傳承下去，成為信玄生前最後的課題。信玄有七個兒子，早前為了攻打今川家而與長男義信反目，最後逼得他自盡身亡，二男是盲人，三男早逝，四男則是二十八歲的諏訪四郎勝賴，其餘三個兒子都還是十幾歲的少年。因此武田信玄病逝之前，唯一能夠交棒的只有四男**勝賴**。

一講到勝賴，大部分的人都會聯想到敗家子、有勇無謀等負面印象，其實勝賴的人生充滿悲劇。這要說到，勝賴是信玄與諏訪御料人的兒子，他的存在是用來聯繫武田與諏訪之間的關係。信玄的七個兒子裡面，就只有勝賴以及盲人的二男，名字裡面沒有武田家的通字「信」。勝賴名字裡的「賴」字，來自諏訪一族的通字。然而諷刺的是，此時北條家稱勝賴為「伊奈四郎」，諏訪一族在江戶時代提出的系譜中也沒有勝賴的名字。

勝賴就像是蝙蝠一樣的存在，受到武田家的忌憚，也不被諏訪一族認為是正統的繼承者。悲情到需要寫個「慘」字。

勝賴在十七歲那年，以諏訪四郎勝賴之名擔任高遠城主，在信玄的安排下繼承諏訪家。信玄的長男義信自殺的隔年，二十三歲的勝賴依舊以「諏訪四郎勝賴」之名發布公文，顯示信玄當時還沒決定接班人。一直到勝賴二十六歲，也就是西元一五七一年，信玄才將勝賴從高遠城叫回甲府，勝賴也約莫是在這個時候，從諏訪勝賴變成武田勝賴。

只是勝賴回到武田家的中樞才不過短短兩年，信玄就病逝了。信玄生前命令勝賴對外發布信玄臥病在床的假情報，等三年之後再公開他的死訊，用以安定軍心，穩定外交局勢。

根據《甲陽軍鑑》記載，信玄命勝賴的兒子為家督，在勝賴的兒子成年之前，託付勝賴以「陣代」（過渡時期的代理人）的身分帶領武田家，禁止勝賴使用著名的風林火山旗幟，只能使用象徵諏訪大明神的「大」字旗。日本學者柴辻俊六也認為，信玄從一開始就打算立勝賴之子為下一任家督[9]，而勝賴的任務僅止於陣代。然而從周遭諸國的反應及書信來看，鄰近的大名在外交上都視勝賴為武田的家督。無論陣代的說法是否屬實，都反映出勝賴的接班之路走得並不順利。比方說，勝賴接班不到一個

9　根據《武田勝頼のすべて》（新人物往來社）。

月就寫信給負責西上野戰區的內藤昌秀，立誓表示自己將會廣納忠言，不會聽信分化重傷的讒言，並且發出許多安堵狀來安定軍心。由此可見，武田家臣並沒有打從心裡敬服勝賴。

我們試著從八點檔的模式來理解這個情況：勝賴雖是區經理信玄的兒子，卻從小不受寵，被安排當諏訪大社便利商店的店長，用來安撫諏訪大社的信眾與香客。直到信玄逼死自己的接班人之後，才叫勝賴回來身邊，卻又不給他接班人的名分。信玄病逝後，勝賴被趕鴨子上架，成為掌管甲斐、信濃、駿河等區的區經理，而且地位可能只配叫代理區經理。還得承受元老們在背後指指點點，說他血統不純、德不配位。光想到這裡，就讓人覺得壓力山大。

真真假假，假假真真——有點微妙的《甲陽軍鑑》

研究武田家歷史時，《甲陽軍鑑》是一部不可或缺但又特別的資料。相傳這是武田四名臣之一高坂彈正昌信[10]的口述歷史，由其姪子與部下負責抄錄成書，書中包含了武田家的軍制、歷史、訴訟裁判以及家中軼事。高坂昌信逝世之後，

10 高坂昌信的本名為春日虎綱。《甲陽軍鑑》中記載他繼承了高坂家，但是追查當代的史料，他曾經一度成為香坂家的養子，數年後又改回原本的姓氏春日。

由他的姪子補完資料。此書在江戶時代經過武田家臣之子小幡景憲重新整理潤飾之後，作為武田流軍學的講義而流傳於世。

由於《甲陽軍鑑》書中有不少年代錯誤，或是與史實不符之處，二戰戰後在日本的史學界一度被認為是江戶時代撰寫的偽書。直到九〇年代，日本語學者考察《甲陽軍鑑》的用語，才證明此著作確實成立於戰國時代。只是這部書經過多次潤飾，哪些部分是戰國時代所書寫、哪些是後世潤飾，還有待學界繼續研究分析。筆者只能說，《甲陽軍鑑》是研究武田的重要資料，而非一文不值的偽書，不過要謹記其內容並非完全正確，引用時還是得參考其他當代資料才行。

現在可不是休養生息的時候！勝賴的奮力一搏

言歸正傳，雖然信玄生前交代，絕對不能對外洩漏他的死訊。但是這種大事，不僅你知道，我知道，連對面的獨眼龍也知道，根本就是紙包不住火。信玄病逝後的二、三個月內，不只織田信長、德川家康，就連上杉謙信都知情了。

當時信長對勝賴的評價不高，認為「甲州的武田信玄病死後，恐怕後人無力繼承家業」。而在三方原之戰逃過一劫的家康，自然不會放過這個大好機會，隨即策反長篠城主，種下日後長篠之戰的遠因。

日本戰國時代的勢力範圍，取決於前線的國人及地侍是否歸順。套句閩南語的「西瓜偎大邊」，如果不能保障前線的國人領主的安全與權益，對前線的控制力就會逐漸崩壞，使勢力範圍往內縮。因此，勝賴必須要出兵支援前線效忠的領主，並且對背叛者施予懲罰，才能穩固統治權。如此情況下，與其消極地面對勢力日漸龐大的信長與家康，勝賴選擇更積極的作法。針對這點，經常有人批評武田勝賴窮兵黷武，不知休養生息。但是勝賴接班的時候，正是信長包圍網（詳情請參見織田篇第三章）最火熱的關鍵時刻，加上信玄臨終前，才在三方原之戰往家康的鼻樑猛揍一拳，打得家康在馬上失禁落荒而逃。就算勝賴這時候想要喊停休息，被打得鼻青臉腫的家康也一定會來報仇。試問此時該如何生養休息呢？

勝賴接班後對外發動攻擊，將勢力範圍擴張到東美濃，蠶食家康在遠江與三河的領地。信長此時對勝賴的評價一轉，他寫信給上杉謙信時提到「勝賴雖然年輕，但他嫻熟信玄治國的要領，是個**不可小看**的敵人」。信長如此讚揚勝賴，可見勝賴的行動合乎戰國時代的道理。而勝賴身為大名，他必須用任何方法，守護住父親信玄生前打下的北遠江以及奧三河地帶。

西元一五七四年，勝賴趁信長與本願寺勢力打得焦頭爛額之際，發兵攻下家康的高天神城，從中截斷德川家的領地。隔年勝賴乘勝追擊，打算收復長篠城，卻在**長篠之戰**遭織田與德川聯軍擊潰。有關這場戰役的詳情，請參照織田篇第四章。

西元一五七五年，勝賴在長篠之戰一敗塗地，西元一五八二年武田勢力滅亡。如此脈絡很容易讓後人產生一種錯覺，認為武田家在長篠之戰後江河日下，陷入萬劫不復的深淵，但是實情並非如此。長篠之戰後，家康雖然趁勝追擊攻下好幾座武田的城池，但勝賴快速地重新整合內部勢力，向武田領國內所有家臣宣示「對抗織田、德川的戰事，即是當家興亡之戰」，強化戰備並且增額徵兵。平心而論，要是少了信長的支援，家康是無法獨力擊潰武田軍的。

長篠之戰雖重挫武田軍，若細心調養還是有辦法恢復元氣。但是一場從西元一五七八年糾纏到一五七九年的上杉家內鬥「**御館之亂**」，就像是傷口引發的敗血症，讓武田家陷入大羅金仙都沒辦法挽救的死局。

所謂的「御館之亂」，是上杉謙信的外甥與養子之間爭奪繼承權的大戰。謙信的養子景虎出身北條家，這時北條和武田是盟友關係，勝賴理應幫助景虎，奪得上杉家督的寶座。但是謙信的外甥上杉景勝，用黃金和領地討好武田家，讓勝賴對此採取消極應對的方式。最後景虎兵敗如山倒，自盡身亡，北條也氣得與武田斷交。關於御館之亂，詳情請參考上杉篇第五章。

穴山梅雪、小山田信茂接連倒戈，一代名門的末路

御館之亂後，勝賴的人生就像高速公路下了交流道，再也回不了高速公路。在北邊的盟友上杉家自身難保的情況下，武田家三面受敵，要同時對抗東邊的北條家、南邊的德川家，以及西邊等級封頂的織田信長。不過勝賴並非光挨打不還手，他在關東戰場對抗北條可說是小有斬獲，只是這一點經常被人忽略罷了。就在這個節骨眼，信長在西元一五八〇年與石山本願寺和解，眼看下一步就會攻向武田。對此，勝賴修築利於防守的新府城，試圖與信長議和，可惜為時已晚，信長與家康都想要滅掉武田家。勝賴不僅對外的外交工作無法成功，對內又因為修築城池而追加賦稅，引起旗下領主的反彈。

終於在兩年後的西元一五八二年二月，信長發動甲州征伐戰，對武田展開總攻

擊。東國的神山淺間山甚至在織田軍進攻時火山爆發，嚴重打擊了武田將士的士氣。織田軍兵分二路從飛驒以及信濃伊那谷進攻，德川軍從駿河、北條軍則從關東進攻，武田軍遭受到團團包圍。就連武田一門眾的**穴山梅雪**都命部下潛入甲府，在奪回人質後宣布背叛武田，倒戈織田信長，使得武田領內的大小領主人心惶惶。

天時變，地利錯，人不和。也許上天註定要亡武田。

為什麼穴山梅雪會倒戈呢？戰國同好常蔑稱他是「背骨仔」，講到戰國時代的叛徒，穴山梅雪大概和關原之戰的小早川秀秋一樣討人厭。他在長篠之戰後，受勝賴之命管理駿河軍政，長年以來受德川威脅。加上御館之亂的外交失誤，讓穴山梅雪得同時應付德川、北條這兩個大敵。眼見武田家的衰敗已成定局，戰國領主為求自保而倒戈，只能說是無可奈何之事。

此外還有血緣的原因，穴山家是武田一族的分支，梅雪的母親南松院是信玄的妹妹，妻子是信玄的女兒見性院（詳見武田&穴山家系略圖），因此，梅雪認為自己可以肩負延續武田血脈的重責大任。勝賴自盡的五年後，家康讓穴山梅雪的兒子以「武田勝千代信治」之名，名義上繼承武田家。

西元一五八二年三月二日，勝賴的弟弟仁科盛信駐守的高遠城[11]，在短短一天之

11 勝賴曾擔任高遠城主。在甲州征伐戰中，唯有高遠城與城中的諏訪眾對抗織田的攻勢。

內遭織田軍以壓倒性的兵力輾過，象徵甲斐武田家的命運已經走到了盡頭。隔天勝賴棄守新府城，**小山田信茂**建議勝賴一行人前往小山田的領地避禍。但是逃亡之路才走到一半，小山田信茂即命人封鎖關口，不讓武田勝賴進入自己的領地。

前無去路、後有追兵，武田勝賴帶著妻兒與隨從，逃往天目山棲雲寺。忠心的家臣土屋昌恆藏身在斷崖邊的小路，一手緊抓著藤蔓，一手持刀斬殺蜂擁而來的織田軍，為勝賴爭取最後切腹的時間，相傳斷崖邊的小河被織田軍的血水染紅三日不散。

西元一五八二年三月十一日上午十點左右，勝賴與妻子及十六歲的兒子武田信勝自盡身亡，名門甲斐武田滅亡。勝賴曾打算讓妻子逃回娘家北條領地，但妻子北條夫人感念夫妻情深，決定與勝賴父子同死。德川家史料《三河物語》記載，天目山之戰後信長檢視勝賴首級後，感嘆地說「勝賴是日本國內不可小覷的名將，天運不濟才會遭此下場吧」。

第五章
戰國最強的秘訣：金錢、法律、軍隊

武田信虎、信玄、勝賴三代，讓武田從軟弱無力的虎斑貓，變成吼聲威震四方的猛虎。他們雖貴為守護，但武田的根據地甲斐國（今山梨縣一帶）是一個農產收穫量稀少的小國，實在稱不上富饒之地。西元一五九八年的檢地記錄記載，甲斐國的石高只有二十二萬七千石，鄰近的信濃國石高為四十萬八千石。不過，甲斐這個多山少田的土地，卻能培養出威震戰國的武田軍團。筆者認為，其中的秘密在於金錢、法律、以及軍隊。

金錢

甲斐國境內擁有金山與砂金的六大礦區，信玄將金山的開發權與經營權交給精於礦業的「金山眾」，這些擁有專業技術者，享有免服勞役等優惠，除了開採金山之外，也曾在戰場上大顯身手。中川金山十人眾發揮挖掘地道的專長，於一五七一年協助信玄攻下駿河的深澤城。

從金礦精煉出的「**甲州金**」，大多做成棋石造型，又稱為棋石金，信玄用來賞賜有功的家臣或是捐獻給寺廟，不過甲州金的價值高，並非市場流通的主要貨幣。根據《甲陽軍鑑．品四十八》的紀錄，信玄曾經抓了三把棋石金，賞賜給川源村的地侍傳兵衛。這三把黃金值多少錢呢？

目前出土的甲州金一顆重約十五公克上下，大約是四錢重。假設信玄總共抓了五十顆甲州金給傳兵衛，那就是四錢乘以五十等於二百錢，目前的金價一錢大約是臺幣四千八百元上下，折合臺幣約九十六萬元[12]。對家臣來說，立下戰功就可以獲得將近百萬元的賞賜，確實是闊氣的激勵獎金（而不是少到只能買兩顆茶葉蛋或一罐可樂的激怒獎金）。

另一方面，對信玄來說，用黃金來賞賜將士遠比分封領地來得划算。畢竟每分出一塊領地，武田的直轄地就會相對減少，況且領地不僅有年貢，還是兵力的來源。在那個倒戈如家常便飯的年代，輕易分封領地給家臣，很有可能會養虎為患。

12 戰國時代所鑄造的甲州金，稱為「古甲州金」，純度大約在八〇%左右。考量到當時的精煉技術，在此以純金的價格來計算。

法律

武田信玄於西元一五四七年六月制定**《甲州法度之次第》**的二十六條文本；隨後在一個月內補增至五十五條；七年之後追加兩項條文。而法令頒布的時間點，正好是信濃攻略時期。隨著領土擴大以及家臣體系日漸龐大，中世的慣例以及法規已不足以因應時代，因此信玄藉由《甲州法度之次第》這部分國法[13]，向家臣宣示，甲斐國境內大大小小之事都要依照這部法規裁決。

不過這部《甲州法度之次第》並非包山包海的六法全書，而是針對當時容易發生的糾紛、訴訟，明定判決的標準。從內容來看，受到今川家的分國法《今川假名目錄》很大影響。五十七項法條當中，債權共十五條、賦稅共十一條、土地項目共九條，這部分占最大宗。其餘有規範養子或奴婢的條款、刑事規範共五條、對於公務的訴訟、限制與他國的來往、宗教等條款。反映出戰國時代的紛爭大多來自於財務及土地糾紛。

其中有三項重要的法條。首先《甲州法度之次第》不僅限制家臣也規範信玄，就連信玄也要依法行事；其次是地頭[14]不得藉故沒收犯罪者的田地，信玄藉著這項法條

13 中世所稱的「法」，大多是指判決先例或是社會共識，相當於現代社會的「習慣法」。分國法則是戰國大名為統治旗下領國所制定的法令，又稱為「法度」，如今川家的《今川假名目錄》、伊達家的《塵芥集》。

14 幕府任命管理貴族莊園的官吏。

宣示，在甲斐境內是武田家訂的法律才算數，地頭不得狐假虎威地冒幕府之名牴觸武田家所頒布的法令。

最後是關於「喧嘩兩成敗」的規範，限制武士之間的私鬥。如果武士發生私鬥，無論理直或理虧，兩者都判處死罪；若是忍住情緒不流於私鬥，選擇向信玄提出訴訟者則可以免罪，但參與私鬥者同樣處以死罪；如果是意外發生的鬥毆，其罪不及妻兒，但犯人逃亡的話，信玄得以拘捕並審問犯人的妻兒。

戰國時代是幕府威信墜地、只能自力救濟為主的年代，講難聽一點就是力量即是正義，信玄利用《甲州法度之次第》建立身為領主的威信與裁決力，無論是常見的土地、債務或是糾紛，都必須接受戰國大名的仲裁，禁止國人藉私鬥解決紛爭。

軍隊

說到武田軍團，大部分的人都會聯想到武田二十四將。但是所謂的武田二十四將，不僅成員組成眾說紛紜，這二十四個人的年代也相差甚遠。因此只能說是江戶時代的說書人，為了替壯大武田的聲勢所挑選出來的名單。若想要探討武田軍團，就必須從現存的史料下手。

甲斐武田在武田勝賴的時代滅亡，許多軍制資料都已經亡佚，目前學界常用來分析的資料是《甲陽軍鑑．品十七》的「**武田法性院信玄公御代惣人數之事**」，以及信玄在一五六七年要求家臣交出的誓書。

從《甲陽軍鑑》的紀錄來看，武田軍團分成以下幾大類：①御親類眾；②御譜代家老眾；③先方眾；④御旗本足輕大將眾；⑤海賊眾；⑥役人、奉行眾，而金山眾等土豪則沒有編進系統當中。這份紀錄描述信玄過世前的軍制，這時期也是武田軍最壯大的時期。接下來讓我們探討前四大類。

①御親類眾

顧名思義，即武田信玄的親戚一門眾。雖然甲斐境內大部分的國人都是武田家的分支，但血緣已經淡薄，且大多成為武田的譜代家臣，所以御親類眾絕大部分都是關係與血源親近者。

御親類眾的成員有武田信豐（信玄的姪子，同時是信玄最信賴的弟弟武田信繁之子）、武田信廉（信玄之弟武田逍遙軒，信玄死後暫時擔任信玄的影武者）、武田勝賴（名字重要到要說三遍的信玄之子）、一條信龍（信玄同父異母的弟弟）、武田信實（信玄同父異母的弟弟）、武田信堯（信玄的姪子）、仁科盛信（信玄的五男，日後戰死於高遠城的守將）、望月信永（信玄之弟武田信繁另一個兒子）、葛山信貞（信玄的六男）、板垣信安（武田庶流出身，但也有學者認為板垣應列在御親類眾）、木曾義昌（信玄的女婿）、穴山信君（信玄姊姊的兒子）。

其中穴山信君的地位最為特殊，他雖然是穴山家的人，但是因為他的母親和祖母都是武田家督的女兒，信玄准許他對外交涉時可以使用「武田」姓，自稱武田信君。

通說認為武田信玄將御親類眾視為治國的重鎮，不僅給予他們領地，並且放手讓他們主宰該領地內的內政、裁判權。但是近年的研究發現，有許多御親類眾僅僅是地位高於其他譜代家臣，內政以及裁判權還是握在信玄手上。筆者認為，這是因為武田一族經歷了很長時間的內鬥，信玄將治國的權柄緊握在手上，是為了避免日後御親類眾成為一方之霸，卻反倒阻礙了武田治國。

②御譜代家老眾

戰國迷所熟悉的武田四名臣——馬場信春、山縣昌景、內藤昌秀、高坂彈正昌信（春日虎綱），以及小山田信有、土屋昌恆、秋山信友等許多武田名將，都被歸類在譜代家老眾。

值得一提的是，信虎時代的老臣幾乎都不在這份名單上，信玄當初雖然是依靠這些老臣的支持，在政變中取得勝利，但是信玄慢慢肅清這些老臣，換上信玄一手提拔上來的親信。

武田四名臣中的山縣昌景、內藤昌秀是譜代眾的二男，而馬場信春原本只是位階不高的武士家系出身。至於謠傳和信玄有斷袖之癖的高坂彈正，也只是豪農之子出身。這些人無論身分高低與否，都是出身甲斐國的人才，靠著信玄的提拔，才能站上譜代家老的位置。因此他們對於信玄只有死忠可以形容，信玄也樂於任命他們為城代，駐守戰略要地。這裡有一點要特別說明，城代與城將的權限不同。武田四名臣擔任的**城代**，同時具備軍事指揮權與徵稅權。但是**城將**只是擁有軍事指揮權的將領，而沒有徵稅權[15]。

其中特別有爭議的是郡內地區的小山田信有。雖然郡內地區位在甲斐國境內，但郡內與武田政治核心的甲府盆地之間有山脈阻隔，郡內宛如國中之國。小山田在信虎的時代從屬武田家。但是當今川軍勢進攻甲斐時，今川家分別與武田、小山田簽訂和議，顯示小山田隸屬於武田為首的「**軍事安全保障體制**」之下，擁有濃厚的半獨立國

15 城代與城將的區分，引用自日本學者丸島和洋的著作《戦国大名武田氏の家臣団》。

人眾的色彩。

小山田家一直是統治郡內的半獨立國人眾，因為鄰近北條家的領地，信玄命小山田家負責對北條的外交及軍事工作。信長攻打武田時，小山田信茂背棄勝賴，被斥為是不忠的叛徒。但如果從小山田家的背景來看，他並非武田家的直屬家臣，比較接近從屬或同盟武田。

若套用企業結構來看，小山田家負責掌管郡內地區的所有加盟店，定期繳加盟金並提供人力協助給甲斐區經理。但是甲斐區經理和小山田卻在暗中互相較勁，甲斐區經理想盡辦法在郡內地區拔樁，企圖削弱小山田家的勢力。小山田家則努力維持獨立性並繼續掌控郡內地區。從兩者的關係來看，戰國時代的大名與家臣關係，絕對不是「君要臣死，臣非死不可」這種美麗的誤會可以道盡的。

③先方眾

又稱為「**外樣國人眾**」，指的是甲斐國以外的其他領地，如信濃國、上野國境內臣屬於武田旗下的國人眾。若以企業結構來理解，就是甲斐區以外區域的加盟店。他們依照出身，分為信濃先方眾、駿河先方眾，在戰場上以「相備眾」的身分，受到御親類眾或是譜代家老眾的管轄指揮。例如受信玄重用的真田一族，即被歸為信濃先方

何謂「軍事安全保障體制」？

根據日本學者丸島和洋的說法，軍事安全保障體制的意思是國人領主在軍事上受戰國大名指揮，當戰國大名下令出兵時，國人領主有義務要出兵，相對的，戰國大名也有義務要保護國人領主。國人領主保有領地的治理權，戰國大名不能輕易干涉，當然戰國大名會想辦法將勢力滲透到國人領主的勢力範圍內。

眾，以相備眾的身分配屬在譜代家老旗下。

根據日本學者平山優的研究，御親類眾中僅武田信廉、一條信龍旗下配置先方眾。而御譜代家老眾當中，負責遠江三河戰線的山縣昌景、西上野戰線的內藤昌秀、飛驒及越中戰線的馬場信春、北信濃戰線的春日虎綱、土屋昌續等人配有相備眾。

先方眾也屬於上述的「軍事安全保障體制」，當武田家強大的時候，他們就忠於武田旗下，但是當武田家無法保護他們領地時，他們便會視情況倒戈。為了牽制這些國人眾，信玄要求他們交出人質。例如大河劇《真田丸》的兩大主角真田昌幸、真田信繁，兩人的少年時期都在甲府擔任人質，受到武田的教育與薰陶。

④御旗本足輕大將眾

歷史戰略遊戲《信長之野望》的玩家，想必對「旗本」、「足輕大將」這兩個詞不陌生。簡單來說，旗本指的是信玄身邊的近衛隊，但足輕大將的定義就容易產生混淆。在遊戲中，足輕大將常被當作軍階，武將依照功勳從足輕頭、足輕大將、部將、家老、宿老一路攀升上去，看似現代軍隊的班長、排長、連長、旅長等位階，但這僅止於遊戲的設定，和史實有所出入。

如果以前述「惣人數」的足輕大將眾名單來看，足輕大將分為兩類。第一類的代表人物是武藤喜兵衛昌幸（日後的真田昌幸）、曾根昌世，這兩位都是出身信玄身邊的奧近習眾，雖然他們名為足輕大將，但分別統領十五騎，日後也晉升成家老。證明足輕大將既不是軍階象徵，軍隊也並非清一色都是足輕步兵，足輕大將只是一種分類而已；另外一類則是指率領足輕部隊的指揮官，代表人物為伊勢牢人橫田高松、下總牢人原虎胤、還有三河牢人山本菅助[16]。這些人都是出身外地的武士，因才幹出眾而被信玄延攬並率領足輕部隊。

那麼武田軍可動員的兵力有多少呢？根據筆者手邊的汲古書院版《甲陽軍鑑》記載，武田軍共有九千一百二十一騎。這裡所說的武田軍編制單位「**騎**」，顧名思義是騎馬武士的意思，發生戰爭時，他們必須帶著隨從上陣。依照日本學者平山優的算法，如果將一騎換算成五名，加總起來約四萬五千人，再加上直屬信玄的旗本，武田家的總兵力大約五萬人。至於出戰的時候，會扣除駐守的兵力，再隨攻略目標，決定武田的家臣所要派出的兵力。

舉例來說，山縣昌景底下編有駿河、遠江、三河先方眾，若武田信玄要打西上野，只會讓山縣派出一半兵力支援，這個制度稱為「**半役**」。武田信玄在三方原之戰

16 根據現存的書信以及資料記載，山本菅助是擅長築城的牢人，受到信玄的招攬。後來受到《甲陽軍鑑》以及傳說的渲染，搖身一變成為軍師級的人物，也就是我們熟知的山本勘助。

時，大約動員二萬五千兵力，大約是上述總兵力的一半。

此外，提到戰國時代的武田軍團，大部分的人都會聯想到著名的武田騎馬隊。但武田軍的騎馬武士的比例，其實沒有我們想像的那麼高。例如御親類眾的武田信實旗下，軍役狀記載「騎馬武士三騎。鐵砲兵五人、持鎚長刀兵五人、長槍兵十人、弓兵二人、持小旗兵伕三人」，代表三名騎馬武士搭配二十五名步兵出戰。總括來看，武田軍的騎馬武士大約占百分之七、北條軍的騎馬武士占百分之十、上杉的騎馬武士則占了百分之十三。假設發生大戰役，對領地農村超額徵兵的話，騎馬武士所占的比例就會更低。

根據傳教士路易士·佛洛伊斯[17]的紀錄，日本馬的身高不高，而且個性粗暴難以駕馭。日本馬的特長是耐重能爬山路，甲斐的黑駒更是其中的翹楚。因此日本的騎馬武士大多是乘馬移動及騎射，作戰時則採取下馬步戰。此外根據軍役狀的編制，騎馬武士大多是小隊長等級以上的人物，而非清一色純騎兵的軍團。

筆者認為，武田軍團最大的強悍之處，並非實際狀況不明的武田騎兵，而是精銳的訓練以及強大的團結力。這一點可以從第四次川中島之戰得到驗證。在八幡原主戰場上，八千武田軍才剛渡河布陣，霧散之後隨即看到一萬二千上杉軍跑步帶殺聲地迎

17 路易士·佛洛伊斯是葡萄牙籍的天主教耶穌會傳教士，他在三十二歲時抵達日本，在現在的宮崎縣、山口縣、京都等地傳教。他撰寫了編年體的歷史書，紀錄天主教在日本的傳教經歷，並用傳教士的角度，側觀信長、秀吉主政時代的歷史，以及當時的風土民情。

面襲來，可以想像這時候武田軍將士應該全驚呆了。然而，面對上杉軍的攻勢，武田軍的第一陣線竟可以穩住陣腳，幾次抵擋上杉軍的猛攻。當第一陣線被衝破的時候，武田信繁立刻率軍擋在信玄旗本隊前，三度擊退上杉軍的攻勢之後戰死。在八幡原奮戰的武田軍各部隊，為了保護信玄，被衝散之後又重新整隊再戰，換作其他軍隊恐怕早就「總崩」（全軍潰散）了。

對上杉軍來說，這是擊殺敵軍大將的難得機會，眾將士自然會為了爭功而不斷進攻。但是武田軍能夠亂而不散，顯示武田軍的統御力、戰鬥意志以及士兵的戰鬥力都非同小可。武田信玄的名言「人為城、人為牆、人為壕」，我想這句話正是武田軍強悍的體現。

比想像中嬌小的日本馬

西元一九八九年七月，在甲府的武田氏館跡挖掘出戰國時代完整的馬匹遺骨，是一頭年約十二歲的雄馬，馬背高約一二〇公分。這個日本馬遺骨的頭骨朝著西邊，採屈膝姿勢埋葬，加上馬齒的磨損不多，應該是餵食高級飼料細心照顧的戰馬，推斷為知名武者的坐騎。

現今我們在時代劇中看到的騎馬武士，多使用活躍於賽馬領域的純種馬，平均高一六〇～一七〇公分。而戰國時代的日本馬只能被歸在小型馬，兩者間的威風度實在差很大。

上杉篇

人稱越後之龍的義將上杉謙信，他的父親竟是一個以下犯上的梟雄。謙信繼承了梟雄之父留下的基業與血脈，運用過人的軍事天賦橫掃沙場，賭命般地追求所有耀眼的動章和頭銜。無論是周遭地區的店長，甚至連關東地區的副總裁、京都總部的執行長，都視他為耀眼的救星。

謙信從梟雄之子，搖身一變成為關東事業部的副總裁。但是這些動章與頭銜，也成了他擺脫不了的束縛。在爾虞我詐的商場上，謙信秉持的理想與正義接二連三地受到考驗，謙信能否貫徹初衷，實現重建秩序匡復亂世的理想呢？

上杉&長尾家系略圖

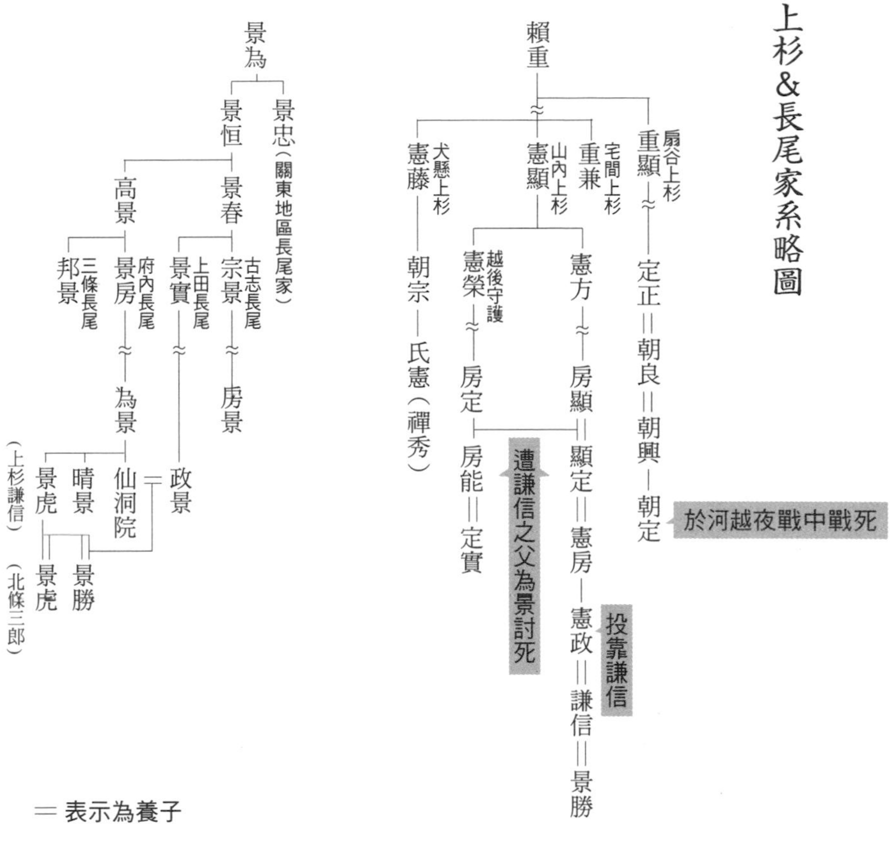
賴重
扇谷上杉
重顯
定正
朝良
朝興
朝定
於河越夜戰中戰死
宅間上杉
重兼
山內上杉
憲顯
憲方
房顯
顯定
憲房
憲政
投靠謙信
謙信
景勝
越後守護
憲榮
房定
房能
定實
遭謙信之父為景討死
犬懸上杉
憲藤
朝宗
氏憲（禪秀）
景為
景忠（關東地區長尾家）
景恒
景春
古志長尾
宗景
房景
上田長尾
景實
政景
高景
府內長尾
景房
為景
仙洞院
晴景
景虎（上杉謙信）
三條長尾
邦景
景勝
景虎（北條三郎）
＝表示為養子

第一章

霸道副官竟以下犯上？上杉與長尾的愛恨情仇

提到戰國時代的上杉家，許多人會立刻聯想到越後的上杉謙信，以及在關原之戰扮演重要角色的上杉景勝。但是這一對養父子，掛著上杉的姓，身上流的卻是長尾一族的血。而且在室町時代，上杉家的地盤應該是關東而非越後，這些錯綜複雜的關係，讓人傷透腦筋。欲解開這個謎題，得先理解上杉與長尾這兩個家族的關係。

人稱越後之龍的上杉謙信，在四十九歲的人生中，曾經改過好幾次姓名。他出身**越後長尾氏**，最初名為**長尾景虎**。後來成為上杉家的養子，接連改名為上杉政虎、上杉輝虎，最後出家法號謙信。如果用電玩遊戲的設定來看，「上杉謙信」這個名號，可以說是四段變身之後的最終完全體，為了避免閱讀上的繁雜，本書原則上統一稱呼他為謙信。

謙信明明是長尾家出身，為什麼能夠繼承上杉家呢？讓我們先將目光，從雪國越後（今新潟縣一帶）轉移到整個關東。從企業觀點來看，京都總部的執行長（**幕府將軍**）為了治理並安撫關東武士，設置了關東事業部（**鎌倉府**），並由執行長的弟弟與後代子孫世襲關東總裁（**鎌倉公方**）之位。由於執行長的母親出身上杉家，便讓上杉一族擔任關東的第二高官，以關東副總裁（**關東管領**）之名輔佐並監督總裁。

上杉一族擔任關東副總裁，同時兼任上野、越後區經理（**上野守護**、**越後守護**）。不過上杉副總裁常駐在關東事業部，無法親自坐鎮上野和越後這兩個商業區，便將工作交辦給家中的執事長尾一族。於是，長尾一族的成員前往越後擔任代理區經理（**守護代**），稱為越後長尾。在戰國時代，位於關東的長尾一族逐漸沒落，反而是分支的越後長尾比較出名。

上杉家將越後交給越後長尾一族管理，經過數十個寒暑之後，上杉家族在關東日漸茁壯，開枝散葉為山內上杉、扇谷上杉、犬懸上杉、詫間上杉四大家系[1]。因此人丁興旺的上杉家決定自己治理越後，要求長尾一族交還統治權。但是越後長尾在越後深耕多年，自然不願意讓辛苦耕耘被空降的主管收割。

以越後為據點的戰鬥民族？謙信他爸可不好惹啊

有道是一山難容二虎，名義上的區經理（**越後守護**）上杉房能與代理區經理（**越

1 山內、扇谷等名稱，源自於上杉家各家系以居館（宅邸）的地名為號。

後守護代）長尾為景，展開了一場主副間的角力戰。這一位手段狠辣的長尾為景，便是謙信的老爸。他帶頭聯合其他分店長攻打區經理，在西元一五〇七年，發兵趕跑了自己的頂頭上司。在戰後另立區經理的養子上杉定實當吉祥物，藉以收拾殘局。兵敗的區經理一路向南逃往關東老家，途中遭逢追兵包圍，最後自盡身亡。

長尾為景以下剋上取得勝利，家大業大的上杉一族當然嚥不下這口氣，身為關東第二號高官，怎麼能容忍屬下騎到自己頭上，甚至還逼死了自家子弟！關東四大上杉家中最有力的山內上杉家督，不僅身兼副總裁（**關東管領**），還是自殺身亡的區經理的親哥哥。無論於公於私，他都得率軍討伐長尾為景來殺雞儆猴。

副總裁上杉顯定浩浩蕩蕩地率領大軍進攻越後。長尾為景自知不敵，帶著自己擁立的吉祥物區經理逃亡。副總裁攻進越後，遷怒責罰越後境內的加盟店長，引起越後區加盟店長的不滿。長尾為景見有機可趁，煽動關東其他加盟店主截斷副總裁退路，並搭船走海路返回越後，補上一記回馬槍反攻副總裁。

上杉顯定堂堂一個關東副總裁兼山內上杉家督，於西元一五〇九年，在長尾為景為首的聯軍攻擊下自殺。年僅二十一歲的長尾為景，逼死區經理就已經夠駭人聽聞了，竟然連關東事業部的副總裁都死在他的手上。越後的剽悍民風與獨立色彩，從此

長尾為景

「我這招已經練到沒有槍頭也能捅進去，安心的去吧！」

可見一斑。此戰之後，長尾為景成為日本戰國時代梟雄的代表人物。

這位一代梟雄一不做二不休，接連除掉越後區經理、關東副總裁，成為越後境內最大勢力之後，更從背後掌控吉祥物區經理，積極與位於京畿的朝廷、幕府總公司打交道。西元一五二八年，執行長（**幕府將軍**）認可長尾為景使用毛氈鞍覆、白傘袋[2]，這可是幕府總公司的核心幹部或是區經理的特權。

長尾為景看似一帆風順，但是越後本來就是地方勢力強大的地區，當年越後的加盟店長既然敢協助長尾為景反抗關東副總裁，自然也不願意讓長尾為景一家獨大。而越後長尾一族底下又分出好幾個分家，包含長尾為景的三條長尾，還有古志長尾、上田長尾。在錯綜複雜的利益關係之下，越後分為吉祥物區經理上杉定實派、代理區經理長尾為景派，這兩派在西元一五三〇年展開戰爭。

吉祥物區經理派系成員有上田長尾、越後的揚北眾[3]，就連遠在奧州的伊達稙宗（獨眼龍伊達政宗的曾祖父）也出兵分一杯羹；而當年大殺四方的長尾為景，如今只有古志長尾以及零星的加盟店長幫忙，局勢岌岌可危。幸好長尾為景前幾年的外交工作發揮功效，朝廷先後賜予「御旗御免綸旨」及「治罰綸旨」。眾加盟店長擔心自己被列入黑名單、成為「**朝敵**」，打為景的力道就不自覺地減了幾成。

2 毛氈覆鞍是裝飾著紅色毛氈的馬鞍，白傘袋則是包覆長傘所使用的袋子，兩者均為守護才有權使用的物品。長尾為景藉由這些特權，掌握治理越後的名分。

3 揚北眾是越後北部的國人聯合，具有強烈的獨立色彩，曾經多次反抗越後長尾的統治。

西元一五三六年，吉祥物區經理派一路打到為景的根據地，為景好不容易擋下這波攻勢。待戰事告一段落後，當年見神殺神、見佛殺佛，以下剋上除掉區經理與副總裁的長尾為景，心力交瘁地宣布隱居，將家督的位置交棒給長子，也就是謙信的兄長——長尾晴景。而人稱越後之龍的上杉謙信，此時年僅七歲。

第二章

梟雄之子成了眾人的希望之星

謙信的哥哥長尾晴景，為了弭平越後境內的紛爭，先與當年被父親拱做吉祥物區經理上杉定實交好，再把妹妹仙洞院[4]嫁到上田長尾家。晴景將另一個妹妹嫁給揚北眾的國人，利用聯姻政策拉攏越後的幾個重要人物，確保越後往後六年的平靜時光。

西元一五四二年發生了幾件大事。首先是東北的伊達家，獨眼龍伊達政宗的曾祖父稙宗擅長使用聯姻、過繼養子等方法，壯大自己的勢力，他打算將三兒子過繼給越後的吉祥物區經理，並且命令一群伊達家的家臣同行。此事件成為伊達家父子內鬥的導火線，史稱「伊達天文之亂」。

同年十二月，根據《上杉家御年譜》記載，謙信的父親為景在十二月去世（為景的卒年有異說），哥哥晴景也染上重病。隔年西元一五四三年，原本還在林泉寺接受教育的謙信還俗，元服名為**長尾景虎**，以古志長尾家的領地為據點，代替兄長討伐各地不服的加盟店長，此時謙信年僅十四歲。

然而謙信的表現越優異，兄弟間的矛盾也就越大，終於爆發兄弟兩派的政爭。長

4 即是上杉景勝的生母，電玩遊戲一般稱她為「綾御前」。

竹雀紋——伊達與上杉家紋

雖然伊達稙宗的三子實元最後未能如願繼承越後守護上杉家，但是吉祥物區經理定實仍將上杉一族的家紋「竹雀紋」傳給了伊達家，所以伊達和上杉的家紋才會如此相似。

期以來被當作吉祥物區經理的上杉定實，出面調停兄弟紛爭，西元一五四八年，哥哥晴景收弟弟謙信為養子，將長尾家督的位置交棒給謙信。俗話說長兄如父，長尾家這對兄弟則是長兄變成養父。這一年謙信十九歲，晴景三十七歲。

兩年後吉祥物區經理病死，室町幕府特許謙信使用毛氈鞍覆、白傘袋，象徵幕府默認謙信是越後國的實質統治者。而謙信的哥哥長尾晴景，在交棒給謙信的五年後病逝。

越後之龍上杉謙信逼退自己的哥哥，甲斐之虎武田信玄放逐自己的父親軟禁自己的兒子，上述的伊達天文之亂，也是伊達父子為了權力而內鬥。可見家族內鬥並非八點檔連續劇的老套劇情，而是影響日本戰國歷史的重要關鍵。

左鄰右舍的靠山，上杉謙信的崛起

年輕的謙信與兄長捲入內鬥之際，關東也發生了一件大事，影響謙信的一生。西元一五四六年，人稱相模之獅的北條氏康在「**河越夜戰**」打倒了山內上杉、扇谷上杉，以及從鎌倉公方分出的古河公方這群「名門陣線聯盟」。關於名門陣線聯盟的分

伊達家紋

上杉家紋

分合合，將在北條篇第一章為大家說明。

關東地區長年以來都是這些名門陣線聯盟網內互打，打自己人免費的戰場，他們整整互打了九十幾年的時間，才在河越夜戰中遭北條一網打盡。此時的關東副總裁（**關東管領**）名為**上杉憲政**，而他同宗的長輩被謙信的老爸擊斃，說起來與謙信有家族之仇。但是副總裁這時候被北條家打到臉腫得像麵包超人，可能連他媽都認不出。副總裁憲政只好放下家族的仇恨，在西元一五五二年，前往越後投靠謙信。早在關東副總裁投靠之前，信濃區經理、北信濃的有力加盟店長村上義清，都因為不敵武田家，跑來越後向謙信尋求庇護。

這樣的情況讓謙信自我感覺良好，沾沾自喜地表示：「怎麼大家都來找我幫忙，我好像有點強。」

謙信打著協助他人收復失土的旗號，與武田、北條兩家交戰。其中最有名的戰爭，就是謙信和信玄這兩位赫赫有名的戰國大名，在北信濃的川中島地帶膠著了十二年，總共打了五次的**川中島之戰**。

先不論謙信是否真的是樂於助人的守序善良陣營，對謙信來說，北信濃川中島地區離居城春日山城僅有七十公里，如果武田軍從北信濃急行軍，不用兩天就能殺到春日山城，簡直就像是枕邊的一把利刀，自然不得不打。

謙信的身上雖流著下剋上的梟雄長尾為景之血，但經常被描寫成恪守正義的守舊派義將。在小說與電視劇當中，謙信是一個以天皇為尊，全力輔佐幕府將軍管轄全天下的武士，監督各國守護統領著旗下的國人與地侍。謙信的人格、信仰以及政治潔癖，讓他產生了「以戰止戰」的想法，如果有人恃強欺弱，謙信就要作為毘沙門天的化身揮下正義的審判之槌。

當然這是通說中，上杉謙信身為**義將**的形象。要是從敵人北條的角度來看，謙信每次發動戰爭的時候，都是越後饑荒缺糧的時候。對北條來說，謙信只是說得一嘴仁義道德，其實是藉著出兵來關東平原「打草穀」（掠奪物資）。不可否認，對身處雪國的越後國人眾來說，關東平原確實是肥沃的糧倉。謙信究竟是為義而戰、或是為利而戰，端看我們用從什麼角度來探討。

謙信小姓

「行善積德是謙信公的興趣，所以幫助他人收復領地，主公每個星期都做一次，如果是碰到國定假日的話，主公還做兩、三次呢！」

※ 看來這位小姓同時是《破壞之王》的資深影迷

第三章

人氣越打越旺的前三次川中島之戰

名聞天下的川中島之戰，原本只是上杉謙信、武田信玄為了爭奪北信濃的地區性戰爭。但是這場戰爭越打牽扯越大，背後還有上杉一族以及北條家的紛爭，連遠在京都的將軍足利義輝都與此戰扯上關係。在正式為各位讀者介紹川中島之戰前，我們先用上帝視角及企業觀點，用五分鐘快速綜觀前三次川中島之戰，再來解釋這幾場戰爭的細節。

話說上回提到，上杉謙信成為兄長的養子，正式繼承長尾家，成為越後的代理區經理。謙信不僅和遠在京都的總公司關係良好，對內又禮遇被奉為吉祥物的區經理，加上他很會打仗，越後絕大部分的加盟店長都服他。反觀甲斐區經理武田信玄，無視總公司的規定，擅自跨區併吞信濃區境內的加盟店。信濃區經理小笠原長時和北信濃的店長村上義清都被信玄趕走，只好跑來投靠越後代理區經理謙信，希望謙信替他們趕跑侵略者。

另一方面，在關東戰場上被北條家打臉打到腫的關東事業部副總裁（**關東管領**）上杉憲政，投奔謙信並且受到謙信的照料，他知道自己沒有實力向北條報一箭之仇，決定將副總裁的寶座交棒給謙信。儘管謙信當時的地位只是代理區經理，但他才幹出眾，獲京都總部的執行長（**幕府將軍**）足利義輝邀請到訪京都總部，得到許多總部核心幹部才能擁有的特權，還有幸謁見名譽董事長（**天皇**）。京都總部期許謙信能夠重新整理關東事業部的秩序，也要求謙信用比砂鍋還大的拳頭，協助長期積弱不振的總部。

越後明明只是邊陲地帶，謙信卻躍升為影響關東、京畿兩大政治核心的重要人物。在這樣的局勢下，謙信在北信濃打了三場戰爭，也就是前三次川中島之戰。戰後謙信率兵浩浩蕩蕩前往關東事業部的聖地鎌倉，得到關東事業部副總裁的青睞，還有京都總部的執行長及名譽董事長的認可，意氣風發地在神明面前，正式宣布接任關東副總裁，宣示將維護關東事業部所有加盟店的權益，阻止北條與武田兩勢力惡性併吞境內加盟店。

以上是筆者模仿網紅，用五分鐘帶各位讀者看完前三次川中島之戰。有個基本概念之後，就可以開始更深入地剖析前三次川中島之戰的始末。

第一次川中島之戰（一五五三年）

謙信在二十四歲的那年，也就是西元一五五三年四月，派遣軍隊協助北信濃加盟店長村上義清奪回領地。村上義清順利奪回部分領地，並入駐鹽田城。但是村上義清的屁股還沒坐熱，信玄就在八月率領軍隊反攻，打得村上義清落荒而逃。謙信率兵南下，信玄與謙信在九月展開幾場小規模的戰鬥後撤退，結束了第一次川中島之戰。雖然說謙信為村上義清收復的領地，最終還是遭信玄奪回，讓整場軍事行動成了一場空，但也只能怪村上義清不爭氣。謙信在戰後上洛，給京都總部的執行長留下深刻的印象。

第二次川中島之戰（一五五五年）

兩年後的西元一五五五年，謙信和信玄在川中島再度槓上。這次謙信出兵的理由，是為了要救援北信濃的謙信派加盟店長。謙信放火焚燒武田的據點，佔據旭山，兩軍在川中島膠著了兩百多天，最後是今川義元派使者出面調停，才結束這場戰爭。以補給線來看，信玄要從甲府輸送軍需兵糧，遠比謙信來得辛苦。《信濃史料》中收錄一封謙信寫給長慶寺的書信，信中提到信玄的軍隊處於下風，於是找來盟友今川義元說項，謙信看在今川義元的面子上，只好勉為其難地答應。雖然戰國時代的書信通常都會誇大自己、貶低敵人，但是第二次川中島之戰，應該是在謙信佔優勢的情況下議和的。

第三次川中島之戰（一五五七年）

兩年之後的一五五七年二月，信玄趁著冬天攻打葛山城，但謙信受到大雪的阻攔無法救援。等到四月雪融，謙信率軍推進至善光寺，第三次川中島之戰在八月開打。這場戰爭的起因是信玄主動打破和平協議，對此，憤怒的謙信在五月曾向神佛獻上祈願文，文中提到「要用義來誅伐不義之舉」。

謙信和信玄，在北信濃川中島地區膠著了四年，打了三次合戰還未見勝負。這時候，室町幕府集團的京都總部執行長——人稱劍豪將軍的足利義輝也進來參一腳，當時京都總部的影響力已大幅衰退，苦於松永久秀與三好長慶的軍事威脅，想請謙信到京都救援。但謙信被綁在川中島戰區，與寫成宿敵要念成朋友的信玄一進一退地跳恰恰，實在抽不開身去京都幫助執行長。

因此，執行長義輝先是派人要求信玄停戰，允許信玄敘任信濃區經理（**信濃守護**），一面派人請謙信上洛助拳。在足利義輝主導調停之下，謙信於西元一五五九年四月帶著五千兵馬上洛，經由北陸穿過越中、越前、近江進入京都，一路不但通行無阻還受到款待，可見謙信的對外工作執行得相當細膩。

另一方面，信玄在這時候出家，法號德榮軒信玄（其實在出家以前，都應該稱呼他為武田晴信）。只不過足利義輝允許信玄就任信濃區經理一事，真是帶來大麻煩，往後信玄攻打北信濃都可以說是師出有名，種下了第四次川中島之戰的禍根。

上洛鍍金，從代理區經理高升副總裁

謙信在一五五九年四月二十七日，上洛謁見足利義輝，甚至在五月一日謁見正親町天皇。謙信上洛期間，與貴族公卿吟詩設宴，上從天皇、幕府將軍、關白，下到京都的貴族，全都打點好關係。率兵上洛需要花費大量的資金，謙信當然也不會空手而回，他帶回「裏書御免」、「塗輿」、「幕府正式任命謙信輔佐關東管領」等特權，統稱為「上杉七免許」。到目前為止，謙信出身的長尾一族，不過是上杉家副官的後裔，代為管理上杉的領地。但是謙信這一趟上洛之行，拿到了幕府將軍、三管領、相伴眾這些幕府最高層幹部才能享有的特權，地位不可同日而語。

金光閃閃的上杉七免許

謙信取得的特權統稱為「上杉七免許（許可）」。除了第一次上洛時得到的白傘袋、毛氈鞍覆之外，謙信在第二次上洛，得到另外五項特權。首先是「裏書御免」，在室町時代書信的封套內側，原本應該要註明發信者姓名與官職，謙信得到不須註名的特權；第二，謙信可以使用將軍、三管領等總部高官才能使用的塗輿；第三，幕府正式任命謙信輔佐關東管領，弦外之音即是謙信有權利繼承關東管領。此外謙信獲准使用桐紋、屋形號的權力，得以和其他守護大名一樣被尊稱為「御屋形樣」。室町時代是一個重視家格的時代，出身守護代的謙信藉著這些特權，彰顯自己的家格地位比宿敵武田信玄還高。

謙信與快樂的幕府官員、公卿貴族在京城逍遙自在時，信玄利用信濃守護的名義整軍攻打北信濃。謙信得知消息後，帶著軍隊在十一月回到越後，此時的謙信可說是充滿金光閃閃的霸氣，長尾家再也不是區區的越後代理區經理，而是受朝廷與幕府認同的尊貴家格。

如果把戰鬥力幾乎封頂的謙信比喻成賽亞人的話，如今得到幕府認同、足以擔任關東管領的他，根本就是連頭髮都變成金色的超級賽亞人。

謙信那股炫目的霸氣，震懾了信濃與關東的加盟店長。北信濃境內原本從屬於信玄的加盟店長，紛紛膝蓋一軟地對謙信獻上賀禮。在戰國時代，處在兩強之間的國人可以同時向兩邊交好，農村也習慣將年貢對半、分別上繳。在如此慣例下，信玄無法因此處罰國人眾，可以想見這讓信玄多麼不安。

西元一五六〇年三月，謙信從京城回到越後的半年後，率領軍隊進入越中，因為信玄私底下和越中的武士約定夾擊謙信，謙信率先得知此消息，決定出兵拔除日後的危機。既然北信濃的國人眾折服於超級賽亞人謙信的金光霸氣，越中的局勢也穩定下來，接下來，謙信打算藉此良機進攻關東。

為什麼謙信這時候選擇進入關東，而非攻打信濃呢？這是因為北條家的勢力逐漸擴張，已經滲透進上野國，隨時可能危及越後。加上北信濃的加盟店長這時候被謙信的金光霸氣震懾到動彈不得，就算信玄下動員令要求加盟店長出戰，效果也不彰。最重要的一點，謙信前一年上洛時，得到「幕府正式任命謙信輔佐關東管領」的認可，其實幕府的弦外之音就是「**謙信足以擔任關東管領**」。

西元一五六〇年八月，謙信以輔佐關東事業部副總裁（**關東管領**）為由，出兵宣示攻打北條氏康。同年九月進入上野，擊敗境內的北條勢力，上野的加盟店長紛紛歸順於謙信旗下，謙信一邊整頓上野並連絡關東地區的反北條勢力，意氣風發地在上野過年。這下子，長期以來被北條家壓著打而沒落的上杉舊臣、牆頭草般的加盟店長也陸續前來加入謙信的軍隊，聯軍人數像是滾雪球般一口氣增加到十萬人。隔年西元一五六一年三月，謙信率領這些聯軍進攻，從上野穿過武藏，直逼相模的小田原城。

西元一五六一年三月十三日，謙信親自上陣指揮攻打小田原城，相傳謙信為了挑釁敵軍，特地騎馬到小田原城前方，悠閒地開始用膳。此舉激怒了北條將士，但北條軍發射的槍彈或弓箭全都落空、攻擊無效，謙信吃飽喝足之後無傷地返回本陣。簡直就像金庸武俠小說《天龍八部》裡的掃地僧，用無形氣牆化解所有攻勢。

謙信這種近乎神威的舉動當然是非常帥氣，可惜聯軍最後還是沒能攻下小田原城。因為謙信所率領的越後軍固然士氣高昂，但其他加盟的聯合軍力量分散、物資補給也不足。北條的支城對聯合軍成員發動夜襲，並且鎖定攻擊聯軍成員的補給隊。雖然謙信打算向小田原城發動總攻擊，最後還是因後勤補給未能跟上而含恨放棄。

打不下小田原城的謙信，於西元一五六一年閏三月十六日受到眾人簇擁，搭乘總公司執行長認可使用的塗輿，命家臣牽著披掛毛氈鞍覆的名馬，一行人浩浩蕩蕩地前往鶴岡八幡宮。謙信在此成為上杉憲政的養子，承襲關東第二高官副總裁（**關東管領**）的職位，並繼承了名門山內上杉。出身長尾一族的長尾景虎，在鶴岡八幡宮第二段變身成為上杉政虎，名字的「政」字來自養父上杉憲政，姓則從長尾改成上杉。

北條軍將領

「聽說你的兵能戰死，但不能餓死。斷你的糧，看你怎麼辦。」

第四章

決戰！第四次川中島之戰

上杉謙信在鎌倉繼承了關東管領之位，他先是到小田原城前耀武揚威，給北條氏康下馬威之後，下一個目標就是武田信玄。

信玄有鑑於前三次的川中島之戰，都苦於補給線太長的問題，便趁著謙信把注意力放在關東時，命部下在川中島地區加緊趕工，興建了軍事據點**海津城**。海津城是背山面河的平城，附近有幾座山城聯合協防，既可作為屯軍備糧的據點，也是監控北信濃國人動態的要地，信玄派武田四名臣之一的高坂昌信（春日虎綱）駐守此地。這時候的海津城，還只是基本的軍事據點，如果用戰略遊戲《世紀帝國》來比喻的話，就像是高手操控的裝甲塔戰術，快速衝往川中島插塔之後配上強大的步兵，打擊謙信在北信濃與越後的威信。

進入第四次川中島之戰前，想先向各位讀者介紹相關的史料。目前只有六份當代史料與這場戰爭有關，包含《妙法寺記》、兩封信玄的書信、一封謙信的書信，還有謙信與信玄頒發給有功將士的感狀，能夠解析出的情報有限。以下所介紹的第四次川中島之戰的戰況，大多是日本學者基於《甲陽軍鑑》以及江戶時代所編撰的軍記物[5]，去蕪存菁之後整理出來的概說。

前文提到謙信在西元一五六一年閏三月，繼承關東事業部副總裁（**關東管領**）的寶座，衣錦還鄉回到越後，接下來就是反制信玄的插塔戰術。通說中謙信在西元一五六一年八月十四日，率領一萬八千軍勢南下信濃，但是他卻無視海津城，在八月十六日刻意進駐到城後的**妻女山**。謙信的命令讓所有家臣都驚呆了，如果在妻女山上駐軍的話，不管是撤退或是下山攻擊，恐怕會遭到敵人的包圍。不過充滿自信的謙信堅持己見，打算拿自己當誘餌引出信玄本隊。

面臨強敵來襲，高坂昌信立刻燃起狼煙，派遣使者稟報信玄。在信玄的命令之下，高坂燒毀海津城下的房舍，此舉不僅是避免上杉軍進駐，在戰國時代更宣示著誓死作戰絕不投降的決心。信玄下令轄下全境總動員，縮減各地的防守兵力，將能用的兵力都送上川中島戰場。八月十八日，武田軍從甲斐出發，在信濃統整所有軍隊之後，於八月二十四日推進至川中島地區。武田軍在千曲川畔的雨宮渡口布陣[6]，阻斷上杉的退路及補給路線，意圖逼謙信下山渡河攻擊。

守在山上的上杉將士只剩十天的軍糧，諸將不是擔心信玄直接進攻春日山城、就

5 軍記物是以戰爭為主題撰寫的文學創作。戰國時代的軍記物大多成書於江戶時代，內容除了史料之外，也包含許多可信度較低的鄉野傳說，或是為了抬高家系所捏造的故事。

6 通說武田信玄將本陣駐紮在茶臼山，典故出自於十八世紀成書的《甲越信戰錄》，但是成書較早的《甲陽軍鑑》則是記載信玄於雨宮渡口布陣。

是擔心缺乏補給而斷糧。面對此情況，謙信倒泰然自若地表示，越後還有兩萬士兵，而且春日山城軍備充足不怕信玄攻擊，如果信玄敢打春日山，我們就打進甲府；倘若真的缺糧，也能從善光寺運軍糧過來補給。

電影《教父》有一句名言「不要憎恨你的敵人，那會影響你的判斷力」，這句話正好適合形容信玄和謙信這兩大英傑。這兩人隔河對望，彼此都在逼對方出手，看誰先沉不住氣。對峙五天之後，信玄決定拔營，率軍進入海津城待命。重新獲得補給的上杉軍將領，對於謙信的軍事眼光更是佩服得五體投地。

信玄率軍進入海津城之後，雙方又對峙長達十天。明明上杉軍的兵力比武田軍少，武田軍竟然對上杉軍一點辦法都沒有，還讓他們在山上駐軍一個月，戰況如果繼續膠著下去，武田家對於北信濃的控制力將會墜落谷底。假設謙信從越後調派軍隊增援，後果更是不堪設想，因此武田的重臣飯富虎昌、馬場信春，建議主動向上杉軍開戰。

根據《甲陽軍鑑》記載，相傳山本勘助構思了分兵挾擊的戰術，也就是小說、遊戲中常提到的「啄木鳥戰術」。從武田軍的二萬軍勢中，分撥一萬二千人作為別働隊（有別於主力部隊的支隊），趁著黑夜前進妻女山，等天一亮就攻擊上杉軍。無論此戰是勝是敗，想必上杉軍都會下山渡河撤退」。武田軍旗本為首的八千人，可事先駐紮在八幡原，以逸待勞地殲滅上杉軍。

為什麼山本勘助會說「不管是勝是敗，上杉軍都會下山」呢？筆者認為，上杉軍已在險地駐軍長達一個月，對出兵參陣的國人領主、士兵來說，補給和精神負擔都已經快要到達極限。如果上杉軍獲勝，國人領主們勢必會勸謙信見好就收，看是要撤兵回越後，或是乘勝追擊攻打海津城；如果上杉軍陷入劣勢，當然也只能撤退回越後。

山本勘助的分兵挾擊戰術看似簡單，其實藏有很大的玄機。負責攻打妻女山的別働隊陣容，除了熟悉地形的海津城代高坂昌信、譜代家老飯富虎昌和馬場信春之外，其他清一色都是信濃先方眾，如真田信綱、相木市兵衛。而坐鎮八幡原等著撿尾刀的本軍，都是甲斐眾以及武田一族，包含武田信玄、義信父子，還有武田信繁、武田信廉、穴山信君、內藤昌秀等人。也就是說難打的仗給信濃先方眾打，武田一族和甲斐的鄉親負責在八幡原補尾刀。

對信濃的國人眾來說，這個戰術真是「爽到你，艱苦到我」。但在爾虞我詐的戰國時代，這樣的安排非常合情合理，戰爭本身就是一場賭局，少了賭博性質就像沒加芥末的壽司一樣乏味。只是信玄在這一場戰爭的賭運實在不佳，分兵挾擊之計被謙信給看穿了。

根據《甲陽軍鑑》記載，謙信認為海津城的炊煙情況不尋常，推算武田軍會趁著黑夜行軍。其他資料則是記載謙信放出的忍者密探，或是準備亂取掠奪的士兵回報敵情。謙信為了避免走漏風聲，下令全軍做好準備，摸黑下山準備返回越後，在妻女山上點燃篝火、留下旗幟來故布疑陣，僅留下精壯的武士駐守本陣，只要有可疑人物出現立刻格殺勿論。

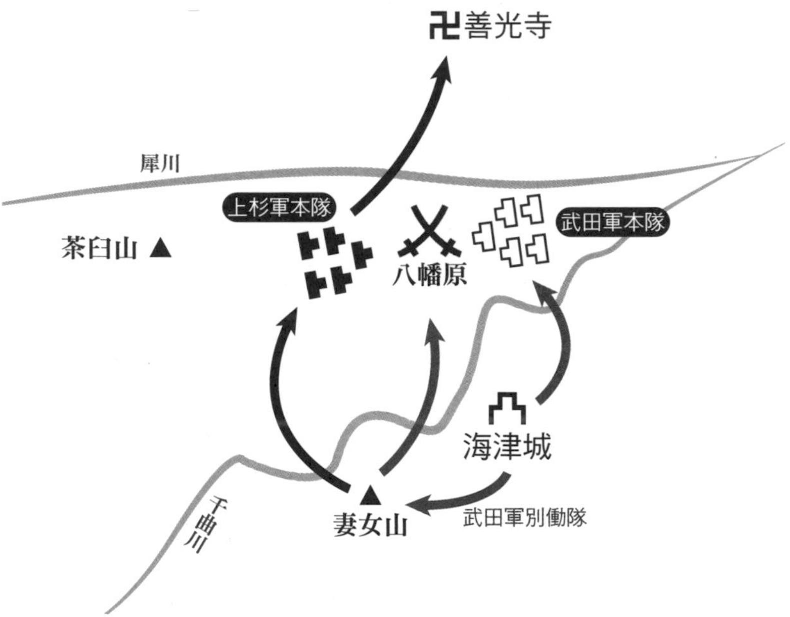

第四次川中島之戰（1561）

九月十日，武田的一萬二千別働隊在深夜一點，從海津城出發往妻女山推進，武田信玄率領的本隊則在深夜三點前往八幡原；上杉軍等到月落的半夜二點之後，從妻女山下山，分兵從雨宮渡口、狗瀨渡口等淺灘渡河，謙信命令甘粕近江守二千軍留在千曲川畔，阻擋武田的別働隊渡河進入主戰場，而直江實綱率領輜重隊前往善光寺，其餘的士兵留在八幡原整軍備戰。

那一晚川中島起了大霧，本來想要守株待兔的信玄，反倒闖入謙信設下的陷阱。謙信率領一萬多名士兵磨刀霍霍向武田，只等那濃霧一散，只等那號令一響，上杉軍就要展開閃電攻擊，打一場轟轟烈烈的勝仗。

反觀武田軍本隊，信玄打算渡河之後布鶴翼陣[7]、守株待兔。突然一陣清風吹來，才驚覺霧散了，敵人也早就來了。武田軍只好趕快轉換防禦陣形。面對上杉軍先發制人的攻擊，武田軍大受動搖只能慌忙防守。此時謙信命令先鋒柿崎景家出兵，攻擊武田軍鶴翼陣中央的飯富昌景（日後的山縣昌景）與右翼的內藤昌秀。再命令新發田長敦攻打武田軍鶴翼陣左翼的穴山信君，目的是將武田軍的鶴翼陣打出缺口。

7　宛如白鶴展翅，大將位於隊伍最後方的中心點，其他部隊往兩側展開，呈V字的陣形，常用於包圍敵軍。當敵軍企圖向中央衝鋒時，鶴翼陣兩側的軍隊就能包圍敵軍。大將通常位於隊伍最後方。

信玄信繁兄弟聯手，武田軍的奮力一搏

上杉軍從三方向攻打武田軍的鶴翼陣，不過武田軍也不是省油的燈，在戰場上互有進退。終於上杉軍沖散了武田鶴翼陣的右翼，一鼓作氣地攻向武田信繁與信玄本陣。不過，過去受到武田信虎寵愛的次男**信繁**，決定死也要擋住上杉軍的攻擊。回想起當年，信虎本來要廢嫡長子信玄，改立信繁為家督，信繁含淚支持兄長放逐父親，兩兄弟花了這麼多年的歲月，同心協力打下這片江山。信繁心中想著「現在放棄的話，這場戰爭就結束了」。

於是，信繁抱持著戰死沙場的決心，他脫下身上背負的母衣交給家臣，命令家臣將這件母衣當作遺物，交給兒子信豐。並派遣使者前往信玄本陣，表示自己拚死也會擋住上杉軍，要求信玄不要因私心而分兵救援，當務之急是穩住陣勢反擊上杉軍。

每個傳世的英雄，背後一定有一個旗鼓相當的勁敵。讓我們來看看武田軍如何對抗謙信的雷霆一擊。

武田軍的內藤昌秀與諸角虎光雖敗不亂，他們重整被沖散的鶴翼陣右翼軍隊，前去協助信繁，信玄同時命令本陣右備的望月重氏派兵支援。而信繁為了吸引敵軍的攻

隨風飄揚的母衣

母衣是武士背負在背後的防箭袋，除了防箭的功能外，另外也是身分的象徵。也有旗指物的功能。

勢，在亂戰之中自報名號拉仇恨，於沙場上英勇戰死，他的壯烈之舉被譽為「副將之表率」。

眼看以信繁為首的武田將領，拚死守住前線來爭取時間。信玄在此情況下不但不後退，更率領旗本向前推進，一來防止上杉軍趁勢繞到背後突擊，二來身先士卒地提振全軍士氣。但是信繁戰死後，武田軍本陣前的開了一個大缺口，謙信知道這是天賜良機，立刻率領旗本眾三千人衝入信玄本陣。

謙信、信玄正面對決，別働軍及時救援

眼見謙信率軍往本陣衝鋒，第二陣左翼的武田信廉、右翼的武田義信以及後陣的軍隊，全都緊縮陣型企圖護住信玄本陣。武田軍將領的心中非常明白，假如武田信玄在此戰死，甲斐眾今後都會淪為敗軍之將、任人宰割，因此所有人都拚命死守本陣。在一場混戰之後，戰場上只剩下信玄本陣，以及飯富昌景、穴山信君、武田義信這幾支軍隊。

此時有一個小插曲，根據《武田三代軍記》記載，信玄為了要欺敵，在開戰之前

把總大將的旗幟送到長子義信的軍陣中，信玄本陣只留下孫子四如旗（也就是大家熟悉的「疾如風徐如林，侵掠如火不動如山」）作為標誌。吸引上杉軍攻打義信的軍隊，義信最後負傷撤退。相傳信玄的這般故布疑陣，也成了信玄和義信父子不合的原因之一。

武田軍誓死護主，折損了許多士兵與將領，但終究抵擋不了上杉軍接連而來的突擊。上杉軍接連不斷的攻勢，俗稱為「**車懸**」[8]。戰場陷入一片混亂，信玄的身邊只剩下近侍武藤喜兵衛（日後的真田昌幸）等人，以及保衛本陣的旗本軍。《甲陽軍鑑》記載，謙信身穿萌黃色無袖羽織，頭上戴著白色僧巾，身騎駿馬放生月毛衝入本陣，他拔出身上的太刀，往信玄猛劈三刀，信玄連忙用軍配擋住這波攻勢。謙信見雷霆一擊未能奏效，乘著駿馬揚長而去。死裡逃生的信玄，發現軍配上面竟然留下七道刀痕。

砍三刀卻能留下七道刀痕，真是不可思議的刀法。如果將這段故事改寫成輕小說的話，書名大概是《普通攻擊是二連擊，普攻三次還能追加一刀，這樣的謙信你喜歡嗎？》吧。

負責夜襲妻女山的別働隊，在早上七點左右攻上山頭時，才發現上杉軍已經撤

8 相傳車懸陣是上杉謙信的獨門陣形。《甲陽軍鑑》記載，武田軍的斥候向信玄回報敵軍布陣時，信玄判斷謙信布的是車懸陣。但是車懸陣的陣法眾說紛紜，一般認為是主力軍隊採放射狀迴旋輪流攻擊敵人，第一波部隊跟武田軍一戰即走，再讓第二波生力軍攻打疲憊的武田軍。但是戰國時代的戰況並非如

退。高坂昌信身為海津城代，立刻率軍走原路回防主堡海津城，其餘部隊連忙下山救援信玄本軍。上杉軍的甘粕近江守佔據渡口要道，阻擋武田軍渡河，武田別働軍只好繞路渡河。等到別働軍抵達八幡原時，武田本隊已經血戰將近四小時，如果再晚一步，信玄可能就真的陣亡了。

雖然上杉軍氣勢正旺，但是連戰四小時的疲軍，終究不能抵擋接連而來的武田別働隊，謙信命令全軍撤往善光寺。別働隊趁勢追擊，疲累的上杉軍在此時傷亡慘重，武田軍也搶回了武田信繁等將領的首級。戰國時代的名戰役「（第四次）川中島之戰」，在此時畫下句點。

歌川國芳〈武田上杉川中嶋大合戦の図〉，國立國會圖書館所藏

此單純，戰國時代的軍隊不會輕易將斬獲敵軍將領首級的功勞讓給後援部隊，加上放射狀迴旋攻擊的作戰法的執行難度很高，車懸陣有可能是受到後世渲染誇大的成果。

第五章 這一生為義所困

當上杉謙信和武田信玄在川中島打得兩敗俱傷時，武田的盟友北條氏康趁機對關東展開大反攻。而北關東的加盟店長個個牆頭草，簡直比尚書大人還機靈，風往哪裡吹就往哪裡倒，前一刻才向副總裁謙信效忠，後一刻就降伏在北條的軍勢下。第四次川中島之戰打完不到兩個月，勞碌命的謙信馬不停蹄地發兵進入關東，統整上杉家在北關東的地盤。至於信玄與氏康則發揮絕佳的默契，分別從西側和南側制衡謙信。

除了那些牆頭草兩邊倒的關東加盟店長，此時關東有兩位重要人物，謙信說什麼都得確保他們的安全。一位是前任關東事業部副總裁，也就是謙信的養父**上杉憲政**；另一位則是朝廷文官的頂點，關白**近衛前久**，他們分別是關東事業部以及京都總部的代表，打算借助謙信的武力重建舊秩序。

可惜時代已經變了，昔日幕府用來統治關東的舊秩序已經褪色，如今，第一線的加盟店長需要的是強而有力的靠山，而不是「恢復光榮的舊秩序」的漂亮口號。從西元一五六〇年謙信率軍進入關東開始，上杉憲政和近衛前久在關東待了一年半的時光，仍然無法有效地約束加盟店長。西元一五六二年三月，謙信帶著關白與養父一起回到越後，同年關白辭別謙信，回到京都。

戰到疲乏的關東戰局

謙信於西元一五六一年，在鎌倉繼承了關東事業部副總裁（**關東管領**）的榮耀，可說是人生的最高峰。但在西元一五六二到一五六六年之間，信玄與氏康靠著合作無間的行動，逐漸將謙信逼回越後。每當謙信打算進入關東，信玄就從北信濃攻打越後，或是在西上野和氏康一起牽制謙信。若是北條方出兵攻打關東的加盟店長，謙信身為關東事業部副總裁，也不能放著他們不管。

西元一五六四年，信玄拉攏東北的大名一起包圍謙信。謙信這幾年被信玄和氏康搞得一肚子火，他在神明面前發誓，必定會打倒那個放逐自己的父親、不忠不孝的惡徒武田信玄，隨後率領軍隊進駐北信濃，與武田軍對峙了一個多月之後相繼退兵。史稱「第五次川中島之戰」。

即使是充滿金光霸氣的超級賽亞人謙信，也遲遲無法瓦解信玄和氏康的聯合牽制，被鎖死在關東戰局。而這個僵局終於在西元一五六六年崩盤，謙信救援下總國時吃了敗仗，甚至產生了骨牌效應，讓上杉家失去西上野的兩大重要據點。箕輪城被信玄攻下、隔年廄橋城守將投降北條，謙信深入關東的通道被攔腰截斷，搖擺不定的關東國人眾像是飛出牆外的全壘打那樣一去不復返，紛紛降伏於北條勢力之下。

國際外交有一句名言——「世界上沒有永遠的朋友，也沒有永遠的敵人，只有永遠的利益。」這句話正好適合描述上杉謙信、武田信玄、北條氏康之間的關係。西元一五六八年，信玄片面撕毀甲相駿三國同盟，攻打自己的盟友今川家，此舉惹惱了氏康。敵人的敵人便是朋友，既然氏康和謙信已經不需要為關東霸權正面交戰，雙方很快地締結同盟。關於信玄背棄同盟的始末，請參考武田篇第三章。

氏康交出自己的兒子三郎，作為人質送往上杉家。而謙信非常中意這個養子，賜名為「**上杉景虎**」。說到景虎二字的來頭還不小，這可是當年謙信元服的名字。即使後來北條與上杉解除盟約，謙信還是將上杉景虎視為自己的兒子一樣看待。

既然關東已經不可圖謀，謙信遂將戰略焦點從關東轉向越中，掃蕩和信玄勾結的越中一向一揆[9]，讓勢力往北陸推進。西元一五七三年，謙信的勁敵信玄病逝，在本願寺的交涉之下，謙信成為**信長包圍網**（詳情請參見織田篇第三章）的一分子。

9 日本的中世時代，為了某個理由而團結起來的集團稱為一揆。「越中一向一揆」是由淨土真宗本願寺派（一向宗）信眾團結起來的自治團體。

另一方面，信長命柴田勝家為軍團長，負責經營北陸，於西元一五七七年，與謙信勢力展開正面衝突。謙信首先率軍攻下能登七尾城，迅速率領軍隊進入加賀國。而柴田勝家的諜報網失靈，帶領大軍渡過手取川之後才發現謙信已嚴陣以待。柴田軍原想趁夜黑風高之時，渡河撤退重整旗鼓，卻被上杉謙信殺得潰不成軍，此戰稱為「**手取川之戰**」。

誰是接班人？上杉家御館之亂篇

手取川之戰的半年之後，謙信在春日山城中突然中風，於三天後的西元一五七八年三月十三日過世，享年四十九歲。由於謙信還沒指定繼承人就猝逝，讓上杉家陷入了一場**繼承人之戰**。謙信終身未娶，膝下有兩個養子，其中一人是外甥景勝，另一個人就是前文提到的、出身北條家的人質景虎。雖然景虎最後成了北條在外交上的棄子，但他受到謙信的寵愛，還娶了謙信的外甥女，成了競爭對手景勝的大舅子。

論起謙信的外甥景勝以及出自北條家的景虎，兩人在上杉家中地位相差不大。謙信先賜姓「上杉」給養子景虎，之後才賜給外甥景勝，除此之外，謙信進軍關東時，曾兩度允許景虎隨軍，景勝則從未隨軍前往關東。

上杉家官方紀錄《上杉家御年譜》記載，謙信臨終之前，家臣的妻室大聲地詢問謙信「您要讓景勝繼承家業嗎？」雖然謙信已經不能無法說話，但他露出愉悅的表情點頭認同。然而這段紀錄文字怎麼看都覺得斧鑿太深，似乎是為了強化景勝繼承家業的正當性所編造的故事。

究竟謙信打算讓誰來繼承家業呢？大致上有三種代表性的說法，一種是由景勝繼承家督；第二種是由上杉景虎繼承家督；第三種說法是將上杉的領地劃分為二，景勝繼承越後國主，景虎則繼承關東管領。至於兩人地位誰高誰低，學界還有好幾種不同的意見。

按照一般通說，三月十五日的謙信葬禮之後，景勝於三月二十四日發難，搶佔春日山城本丸，取得城中雄厚的軍資金。而搶下本丸的景勝，與二之丸的景虎發生了幾次小規模的戰鬥。景虎於五月十三日離開春日山城，進駐到謙信的養父兼老關東管領上杉憲政的宅邸「御館」，因此這場繼承人之戰稱為「**御館之亂**」。謙信的外甥上杉景勝以春日山城為據點，而北條出身的上杉景虎以御館為據點，越後所有勢力都被捲入這場繼承人風暴。

此外還有一個事件，謙信才剛過世，會津的蘆名氏就發兵攻打越後，景勝認為三條城主涉嫌通敵，因此無論憲政如何調停，景勝都不願意給他面子。不僅如此，景勝還冷落越後其他家族，只重用同族的上田長尾家一門眾，引起越後其他領主的不滿。上杉家臣逐漸凝聚成反景勝派系，最後推舉上杉景虎為共主。

景勝和景虎，這兩個上杉家的未來之星，無論他們是一開始就有意爭奪家督、或是因為派系鬥爭而被拱上台，戰國亂世之下他們都非得拚個死活不可。**景勝**背後有**上田長尾**一族撐腰，**景虎**背後則是他的原生家庭**北條一族**。

北條家這時候正在忙著在關東對抗反北條聯軍，無法立刻調派主力軍隊前往越後幫忙，只能先命令北關東臣服於北條家的加盟店長，率兵從上野進入越後支援景虎。但是這條道路會經過景勝老家——上田長尾的地盤，上田長尾一族出兵阻撓北條方軍隊，讓他們無法進入越後支援景虎。北條家同時請盟友**武田勝賴**，率兵從北信濃直衝春日山城，協助北條出身、謙信栽培的上杉景虎奪權。

西元一五七八年五月下旬，景勝同時面對武田勝賴、北條軍隊步步逼近，東北地區的其他勢力也蠢蠢欲動，企圖趁火打劫。要是一直拖下去，織田家的北陸軍團長柴田勝家勢必也會舉兵攻入。景勝在親信**直江兼續**的建議之下，動用春日山城的軍資金向武田勝賴求和。景勝開給勝賴三項利多，獻上黃金萬兩、割讓上杉家的東上野領地，並將妹妹嫁到武田家締結婚姻同盟，除此之外還準備了巨額禮金給勝賴的近臣，可說是打點周到。

勝賴一邊與景勝交涉，一邊放慢速度，緩緩率軍前往春日山城。勝賴雖有責任協助盟友北條家支援景虎，但內心應該不希望景虎壓倒性地贏得上杉家督爭奪戰，以免北條趁機併吞上杉，成為武田家日後的威脅。況且身為友軍的武田軍都到春日山城附近了，主力的北條軍才剛進入越後邊境，更讓勝賴心生猜疑。

西元一五七八年七月上旬開始，勝賴居中為景勝與景虎調停。終於在八月十九日，雙方決定停戰。但是才沒過幾天，兩人又重啟戰端。此時南邊的德川家康聽聞勝賴前往越後，立即發兵要攻打武田邊境的城池。勝賴只好放棄調停，打道回府，對付家康。景虎的親哥哥北條氏政，命北條軍進入越後，但是北條軍的主力還在上野擴張地盤，只有一小部分部隊抵達御館支援。

西元一五七八年十月上旬，北條氏政擔心冬天大雪封住回家的路，決定打道回府，叫弟弟景虎自求多福。在謙信的年代，大雪是謙信發兵關東的阻礙，如今卻成了景勝打贏內戰的關鍵。景虎派失去北條與武田兩家的支援，士氣日益低落，景勝遂趁機收攏包圍網，在隔年西元一五七九年二月兩度對御館的景虎發動攻擊。眼看勝負已成定局，在景虎的同意之下，老關東管領上杉憲政帶著景虎的幼子，要向景勝乞和，卻在途中遭景勝的士兵殺害。雖然上杉家的官方說法聲稱這是一場意外，但是根據上杉家臣日記的記載，是景勝下令要斬草除根，以絕後患。

失意的景虎決定放棄御館，打算經由信濃返回老家北條。西元一五七九年三月二十四日，景虎在鮫尾城遭到景勝的軍隊包圍，最後自盡身亡，結束這場上杉家的內鬥。

儘管上杉景勝在御館之亂取得了勝利，等著他的卻是來自織田信長的威脅。織田家的北陸軍團長柴田勝家聯合了領內的反景勝勢力，逼著景勝陷入內憂外患的絕境。此時竟迎來戲劇性的發展——京都發生了本能寺之變，使上杉家在千鈞一髮之際免於覆亡。西元一五八六年，景勝上洛臣服於秀吉旗下，日後成為豐臣政權的五大老，在秀吉的要求之下轉封會津，監控東北的動態。雖然在關原之戰中成為敗軍之將，仍然成功地延續家名直到幕末。

北條篇

在名門權貴主掌一切的年代，一位年輕的公關主任奉命從京都總部來到關東事業部，後人稱他為北條早雲。他看到世居關東的總裁與副總裁爭權奪利，許多名門為了繼承家業而內鬥。此時早雲主任在心中默默下了決定，要用實力取代這些權貴子弟！

洞悉人性與利害關係的早雲主任，開始見縫插針地介入權貴的紛爭，以累積北條家的實力。最後反客為主地驅逐了蟠踞於此的名門勢力，奠定北條一族的基業。但是北條的子孫是否能夠記取教訓，避免重蹈關東名門權貴的覆轍呢？

北條家系略圖

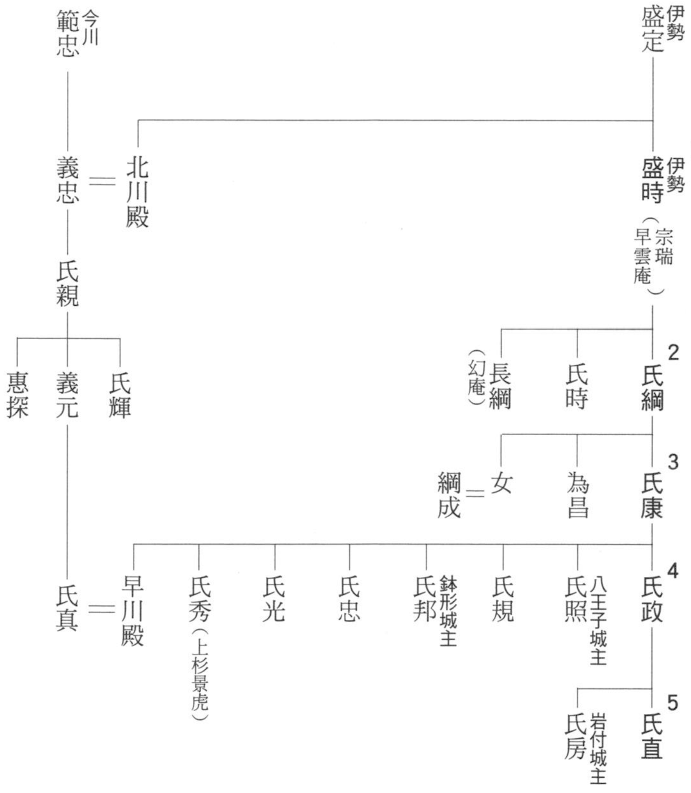

伊勢 盛定
1 伊勢 盛時（宗瑞 早雲庵）
北川殿
今川 範忠
義忠
氏親
氏輝
義元
恵探
2 氏綱
氏時
長綱（幻庵）
3 氏康
為昌
女
綱成
4 氏政
八王子城主 氏照
氏規
鉢形城主 氏邦
氏忠
氏光
氏秀（上杉景虎）
早川殿
氏真
5 氏直
岩付城主 氏房

第一章 關東名門網內互打免費

本書所列舉的六位戰國英傑當中，北條一族也許是人氣最低的，就像是個聽來厲害，卻又不知道哪裡厲害的神秘配角。關於北條家的事蹟相信不少讀者都有些概念，如相模之獅的外號，以及善於內政工作，還有用來比喻冗長但談不出結果的「小田原會議」[1]，但是北條家的歷史地位並不只如此。關東霸主北條一族留下許多記載周詳的行政命令書，對於後人研究戰國大名如何統御國人領主、如何治理農村等，帶來很大的幫助。此外，北條一族的發展，與戰國時代的關東局勢有著密切關係。

在講述北條一族的歷史之前，得先搞懂關東境內名門之間的大亂鬥。首先回顧一下室町幕府的架構——足利尊氏以京都為據點開設幕府，史稱「**室町幕府**」，筆者將其比喻為室町幕府集團。足利尊氏將集團劃分為兩大區域，並交給兩個兒子來管理。兄長義詮繼任第二代幕府將軍，又稱為室町殿，相當於京都總部執行長。義詮的統御範圍被稱為「室町殿御分國」，包含近畿、東海、北陸、中國、四國地區。

而弟弟基氏以**鎌倉公方**的身分掌管**鎌倉府**，相當於關東事業部的關東總裁。基氏

1 小田原之戰時，北條家面對秀吉的進攻，召開了許多次議而不決的會議，白白浪費光陰導致滅亡。

統御「關東十國」，分別是稱為關八州的常陸、上野、下野、上總、下總、武藏、相模、安房，以及伊豆、甲斐，除此之外，有一段時間也兼管其他地區。這兩兄弟的祖母出身上杉一族，因此由上杉一族世襲**關東管領**，負責輔佐鎌倉公方，相當於關東副總裁。

如此架構下，在本篇的主角北條早雲出場之前，關東事業部日日上演總裁（**鎌倉公方**）足利家與副總裁（**關東管領**）上杉家這兩大家族間爭權奪利的大亂鬥。明明兩家是姻親關係，卻像網內互打免費那樣互相交戰。不只如此，就連位在京都總部的執行長（**幕府將軍**）也在關鍵時刻攪局，把事情越弄越複雜。

除了總裁與副總裁之間的混戰外，足利家內部也陷入父子相爭的局面，上杉家中更是不遑多讓地分成山內上杉、扇谷上杉兩大派系互鬥。一直到北條早雲出場前，足利和上杉這兩家人，就這樣網內互打免費一樣互毆了七十幾年，讓人不禁感嘆「貴圈真亂」。

在這長達七十幾年的大混戰中，有四場亂事特別重要，可說是關東戰國史的重要樞紐。如果能夠了解這些貴族為何而打，進而產生什麼影響，就能更了解日本戰國時代東國大名的脈絡。接下來就讓我們用企業的角度，綜觀這四場亂事，再看看北條早雲如何利用這些名門的矛盾，各個擊破，一步一步往上爬。

一、上杉禪秀之亂（西元一四一六年～一四一七年）

閩南語有句俗話說「一人一家代，公媽隨人拜」。第四代關東事業總裁（**鎌倉公方**）足利持氏想擴展自己的勢力，卻總是遭受副總裁（**關東管領**）上杉禪秀的阻礙，因此總裁決定要除掉這個絆腳石，讓原本是姻親關係的足利家與上杉家發生衝突。

總裁三番兩次刻意找碴，讓副總裁一氣之下說要辭職。沒想到總裁連慰留都不肯，立刻找了上杉家的其他人接任副總裁。此舉惹惱了副總裁，他帶了一群小弟殺進總裁家中，史稱為「上杉禪秀之亂」。第四代京都總部執行長（**幕府將軍**）足利義持為了整個室町幕府集團著想，派人協助總裁平亂。西元一四一七年，前任副總裁上杉禪秀自盡，結束了這場紛亂。

這場戰爭帶來三個影響。首先是甲斐守護武田信滿，身為上杉禪秀岳父的他受此案牽連而自殺，使得甲斐國成為無主的混亂地帶；第二個影響，副總裁的位置原本是由上杉家各系輪流擔任，但上杉禪秀出身的犬懸上杉家在此戰之後衰退，關東管領遂轉為由山內上杉家世襲；第三個影響，關東總裁在戰後趁機壯大自己的勢力，引起京都總部的戒心。

而這時京都總部的執行長也發生了接班問題。西元一四二三年，第四代執行長義持交棒給第五代義量，只是接手不到兩年，第五代年紀輕輕便身故，這讓白髮人送黑髮人的第四代感到心灰意冷，遲遲不願意公布接班者。總部的高層幹部個個束手無策，最後用抽籤的方式選出第六代執行長。而這位第六代執行長來頭可不小，他的渾名是「抽籤將軍足利義教」，作風獨裁狠辣被稱為「惡御所」。

二、永享之亂（西元一四三八年）

在上杉禪秀之亂中逃過一劫的關東總裁足利持氏，相傳他也想角逐執行長的抽籤大會，但因資格不符而被排除在外。持氏打從心裡不服抽籤選出的新任執行長，他擅自使用專屬於幕府將軍的通字「義」字，為自己兒子取名「義久」，並且在甲斐國等地安插自己的親信，不斷擴張自己的勢力。新任的關東事業部副總裁上杉憲實擔心京都總部問罪，曾幾次出言勸誡總裁，卻只換得一陣奚落。

「副總裁！你給我記住，軍隊裡只能有一個頭！」總裁惡狠狠地發動戰爭，要武力來堵住副總裁的嘴。這場戰爭發生在西元一四三八年，史稱「永享之亂」。

算起來，這已是關東總裁第二次和副總裁拚輸贏。二十年前的上杉禪秀之亂，京都總部決定協助系出同門的關東總裁。但是二十年後，人稱「惡御所」的新任執行長足利義教可沒那麼好說話，他下令各地區經理一起圍剿關東總裁。關東總裁眼見兵敗如山倒，連忙躲進寺廟出家為僧，向京都總部乞憐，就連副總裁都出來為他緩頰說情。但義教可是背負著惡字的男人，他毫不留情地命令關東總裁父子切腹自盡，結束這場動亂。

永享之亂後，關東總裁的職位空缺了十年之久，副總裁也鬱鬱寡歡，不理政事。關東事業部的大小政事，只好由上杉家的兩大家系共同主持。一個是在上杉禪秀之亂後世襲關東管領的**山內上杉家**，另一個則是聲勢看漲的**扇谷上杉家**。

「惡御所」足利義教在這場亂事中命令關東總裁自盡，還在京都總部涉嫌暗殺好幾個區經理，但最後卻自食惡果。西元一四四一年，義教遭部下暗殺身亡[2]。室町幕府集團的兩大核心地帶——京都總部與關東事業部，都在此時陷入了大亂。

2 史稱嘉吉之變，京都總部的勢力在這個事件後大幅失墜。

三、享德之亂（西元一四五四年～一四八二年）

關東事業部群龍無首長達十年，在關東勢力的要求之下，京都的第八代執行長足利義政，讓當年自盡的關東總裁遺兒足利成氏繼任關東總裁。還找了當年副總裁的兒子上杉憲忠接班副總裁。這就像是電視臺找來織田信長和明智光秀的後代，在螢光幕前演一齣一笑泯恩仇的溫馨戲碼一樣。

但以血洗血的戰國時代才不吃這一套，關東總裁與副總裁如同水火，天生註定不對盤。正所謂無三不成禮，新任的總裁與副總裁再度槓上，西元一四五四年，總裁足利成氏設下鴻門宴誘殺副總裁上杉憲忠，史稱「享德之亂」。

這個消息傳到京都總部後，簡直讓執行長氣瘋了。關東總裁的位置空缺了十年，總部好不容易願意讓足利成氏接任總裁的位置，想不到過沒幾年又出了亂子，簡直就是養老鼠咬布袋。對此，幕府命令關東最大勢力的山內上杉家與扇谷上杉家，加上駿河區經理今川家，一起出兵討伐足利成氏。逼得成氏逃離鎌倉，前往下總國的古河重整勢力，人稱古河總裁（**古河公方**）。

雖然古河總裁口口聲聲說，這場戰爭是他與副總裁的恩怨，沒有要反抗京都總部的意思。但是俗話說天高皇帝遠，若不派個人去坐鎮關東，恐怕壓不住這位古河總裁。於是，執行長決定派自己的同父異母的哥哥（足利政知）前去執掌關東事業部。然而關東最大勢力的兩個上杉家認為關東的問題要由關東人來解決，竟拒絕京都總部插手。原本要接掌關東事業部的足利政知進不了關八州，只能尷尬地停留在伊豆國堀越，人稱堀越總裁（**堀越公方**）。

關東地區從此陷入四強互相角力的局面——古河總裁（**古河公方**）以正統自居，背後有下

享德之亂（1454~1482）

野、下總、常陸、上總各區加盟店的支持；關東副總裁（**關東管領**）的山內上杉以上野、北武藏為根據地；而同族的扇谷上杉則以相模、南武藏為根據地；還有一個地位尷尬的堀越總裁（**堀越公方**）。四大勢力即使互相交戰，對內各自也有自己的問題，只能再次說一聲「貴圈真的很亂」。

堀越總裁的勢力範圍僅止於伊豆，根本進不了關八州，但他抱持著希望，相信京都總部終有一天會強制裁撤古河總裁。但卻在這個時候，京都總部發生了應仁之亂（詳情請參見織田篇第三章），總部的機能幾近癱瘓，根本無暇顧及堀越總裁。室町幕府集團的兩大中樞再次失能，關東陷入了長達二十八年的享德之亂，京都也陷入了長達十年的應仁之亂。真是大哥笑二哥，兩個都差不多。

應仁之亂結束後，京都總部再也沒有餘力管束關東事業部，最後執行長公開原諒古河總裁，導致關東事業部同時存在兩個總裁，而且古河總裁講話還比較大聲。至於堀越總裁就這樣被京都總部置之不理，讓人忍不住為他掬一把同情淚。

四、長享之亂（西元一四八七年～一五〇五年）

隨著時光流逝，古河總裁、堀越總裁、山內上杉、扇谷上杉這四大勢力進入世代交替。有兩上杉之稱的山內上杉、扇谷上杉雖然系出同源，私底下卻是勾心鬥角，互搶地盤。扇谷上杉家的家宰太田道灌才能出眾，建立第一代江戶城，擴大扇谷上杉的勢力，沒想到卻讓扇谷上杉的家督越看太田道灌越覺得害怕，擔心哪一天養虎為患，竟狠下殺手，暗殺太田道灌。

此時太田道灌的兒子心想，兩上杉家搶地盤鬧得不愉快，而且山內上杉家督身兼關東副總裁的職位，於公於私都會幫忙處理殺父之仇。畢竟山內上杉與扇谷上杉，早就把利益看得比血緣關係還重。果不其然，西元一四八七年，山內上杉家督協助太田道灌之子向扇谷上杉宣戰。展開了將近三十年的戰爭，史稱為「長享之亂」。

關東地區的這幾場大戰，主要都是圍繞在關東總裁、副總裁，以及兩上杉家之間。混戰持續七十幾年後，終於有個人決定改變這場僵局，跳出來大喊「保安！可以讓這兩家人這樣打了又打打了又打嗎？」這個人就是北條一族的始祖，後人稱之為北條早雲。

足利家系略圖

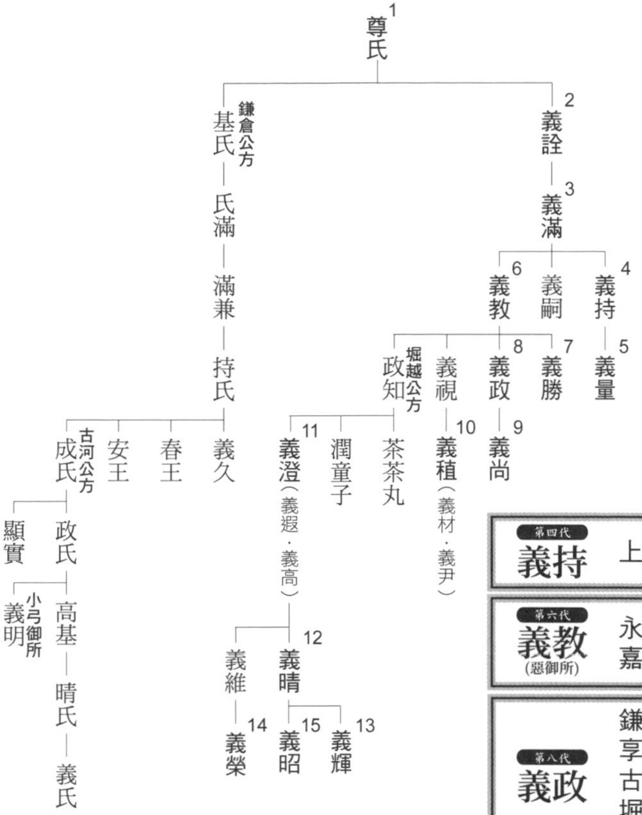

第四代 **義持**	上杉禪秀之亂
第六代 **義教**（惡御所）	永享之亂 嘉吉之變遇襲
第八代 **義政**	鎌倉公方復活 享德之亂 古河公方誕生 堀越公方誕生 應仁之亂
第十代 **義稙**	明應政變
第十三代 **義輝**	劍豪將軍遇襲
第十五代 **義昭**	信長包圍網 室町幕府滅亡

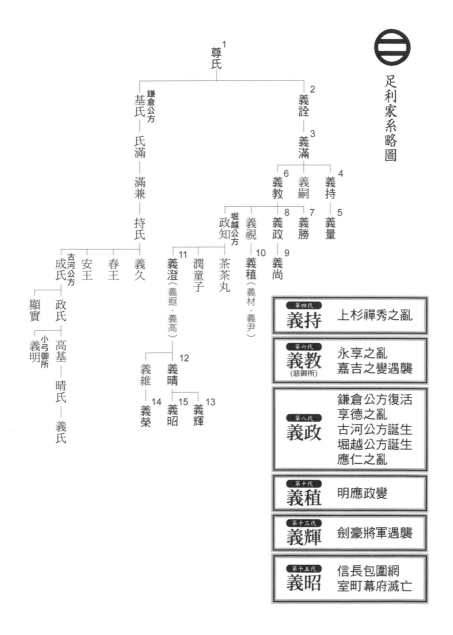

第二章

外地來的不速之客，早雲與氏綱

本章將焦點放回戰國時代的北條一族。眾所周知的北條五代始祖北條早雲，本名為伊勢盛時，他日後出家自號「早雲庵宗瑞」，又稱為伊勢宗瑞。早雲死後，他的兒子氏綱將一族的姓改為北條，後人才會稱他為北條早雲。嚴格來說，鎌倉幕府執政的北條氏，與早雲並無血緣關係，因此有些學者稱戰國時期的北條一族為「後北條」。為了避免讀者混亂，本書使用最一般的稱呼方式，用「北條」來稱呼早雲與他的後代，並且用「早雲」來稱呼伊勢宗瑞。

江戶時代流傳的通說中，早雲是個籍籍無名的浪人，但這個說法在近代已經被學界推翻。早雲生於西元一四五六年，出自備中伊勢家，他的父親擔任室町幕府集團對駿河區經理今川家的「取次」，也就是幕府京都總部對今川家的聯絡人，早雲的姊姊嫁給了今川家督，日後早雲也進入京都總部擔任申次眾[3]，可以將這個職位理解為京都總部的公關主任。

以企業的角度來看，早雲的姊夫今川義忠在西元一四七六年戰死，其子氏親[4]年

3 申次眾又稱為奏者，當大名有事要啟奏將軍時，需透過申次眾傳達給將軍。

僅六歲無法扛起家業，今川家的繼承人問題成了京都總部與關東事業部的角力戰。南關東最大勢力的扇谷上杉家，其家宰太田道灌積極地介入此問題。相傳早雲趕赴駿河，幫自己的姊姊還有年幼的外甥撐腰，背後可能還有京都總部執行長的授意。最後雙方達成共識，今川家督由今川一族庶流的小鹿範滿代理，約定等到年幼的氏親元服之後，小鹿範滿就得交出今川家的政權。

十年的時光匆匆過去，關東局勢逐漸穩定下來。但西元一四八六年發生了變亂，太田道灌因為功高震主，竟然被自己的主君扇谷上杉暗殺，小鹿範滿失去了太田道灌這座靠山。早雲見有機可趁，隨即前往駿河協助外甥氏親奪回今川的實權，早雲更以今川新任家督舅舅的身分，在今川家佔有一席之地。但是早雲並不因此滿足，他的下一個目標就是鄰國伊豆。

說起伊豆，這裡有一個被京都總部執行長（**幕府將軍**）置之不理的堀越總裁（**堀越公方**），如果想不起來的話，請參考前章提及的享德之亂。堀越總裁有三個兒子，嫡子名茶茶丸，是前妻所生，二男與三男則是續絃的兒子。也許是執行長對堀越總裁感到虧欠，他讓堀越總裁的二兒子到京都總部實習，列入下一屆執行長候選名單。而堀越總裁在生前廢嫡子足利茶茶丸，改立三子為繼承人，沒想到人才剛過世，茶茶丸

4 今川氏親是北條早雲的外甥。而今川氏親之子是大家所熟悉的今川義元（詳見北條家系略圖）。

便狠心地殺弟弒母，於西元一四九一年自立為第二代堀越總裁。

這讓人在總部實習的二男又氣又急，他沒能成為新一任的執行長，又無法為自己的母親與弟弟報仇，只能在京都唉聲嘆氣。沒想到劇情突然超展開，西元一四九三年，京都總部的副總（**管領**）細川政元發動政變，廢黜第十代執行長。堀越總裁的二男像是中樂透彩大獎，搖身一變成為第十一代執行長（**足利義澄**）。

早雲入關東——地基打好，家業就穩固了

此時京都總部的公關主任北條早雲，人剛好在駿河輔佐外甥。早雲起兵攻入伊豆，代替新任執行長討伐弒母殺弟的足利茶茶丸，將他趕出伊豆並且在此招兵買馬，擴張勢力。茶茶丸後來跑到甲斐尋求幫助，投靠武田家家督。此時關東與甲斐都陷入混亂，關東有山內上杉、扇谷上杉這兩大名門網內互打，甲斐則是家督武田信繩與弟弟油川信惠內鬨（詳情請參見武田篇第一章）。隨著甲斐武田的兄弟內鬨落幕，走投無路的足利茶茶丸選擇了斷自己的生命，早雲終於能壓制伊豆全境。

早雲除掉茶茶丸進駐伊豆後，東邊則有山內上杉、扇谷上杉這兩大勢力互爭地

盤。所謂好漢不吃眼前虧，早雲先與鄰近的扇谷上杉打好關係，再一步步地蠶食山內上杉在相模的據點，拿下小田原城。相傳早雲使用火牛計奪取小田原城，因此現在在小田原車站後方，有一座早雲驅使火牛陣的銅像。扇谷上杉和山內上杉顧著內鬥，直到早雲吃下大半部相模地區之後，兩上杉家才驚覺大事不妙，趕緊和解並聯手對抗野心勃勃的早雲。所謂「鐵達尼號都要沉了，還在研究家具要怎麼擺」，這句話正好可以用來形容忙著網內互打，不知早雲厲害之處的扇谷上杉與山內上杉。

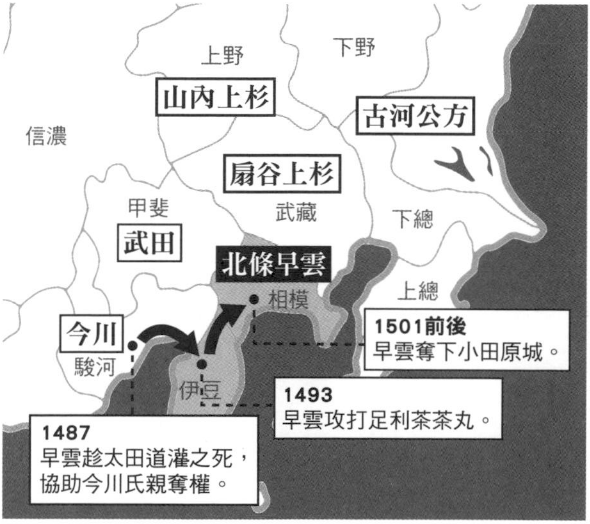

早雲入關東(1493)

早雲於西元一五二一年逝世，享年六十四歲。他生前打下了伊豆、相模，作為北條五代在關東打天下的根基。綜觀早雲大半生的戎馬生涯，在在都與室町幕府的重大事件有著緊密的關聯。早雲的姊夫戰死後，早雲負責協調今川家繼承人紛爭而展露頭角；關東的風雲人物太田道灌被暗殺後，早雲趁著山內上杉與扇谷上杉互鬥，快速起兵協助外甥今川氏親奪回政權，在今川家掙得一席之地；當京畿發生了政變，早雲旋風般地代替將軍足利義澄討伐茶茶丸，攻入伊豆；當武田家的兄弟內鬥結束後，早雲迫使茶茶丸自盡，趁此統一伊豆並且攻入相模。

時勢造英雄，早雲運用其極為敏銳的政治嗅覺以及自身才智，屢屢站上每一次的浪頭並擴大勢力。但兩上杉家與古河公方這些關東名門，卻認為早雲只是一個外來的不速之客，蔑稱早雲為「他國的逆徒」。

外地來的又怎樣？氏綱接班證明自我

為了宣揚統治領國的正當性，早雲之子氏綱接任第二代家督後，將一族的姓氏從「伊勢」改為與相模有深厚淵源的「**北條**」。在鎌倉幕府的時代，源賴朝正室的娘家北條氏，以「執權」[5]的身分代管政權並統治相模。也許氏綱的用意正是「上杉一族總認為自己是關東事業部的第二高官，那我就抬出鎌倉幕府的第二號人物，用北條這個名號來跟你們拚輸贏」。

除了改姓之外，氏綱還以「相模太守」的名義捐出大量金銀，修築相模國境內的神社，藉由宗教的力量得到在地民眾的支持。這一連串的大動作，帶給扇谷上杉及山內上杉等關東名門相當大的威脅。

讓我們先來看看北條氏綱繼任時的關東局勢。

北條家以伊豆及相模為根據地，逐漸蠶食扇谷上杉、山內上杉的領地。堀越總裁在早雲的時代垮台，存在感低到不行。而自認關東事業部最高指導者的古河總裁，其影響力也大幅衰退，家族內鬥更是雪上加霜。古河總裁傳到第三代時，第三代古河總裁的弟弟足利義明自立門戶，成為小弓總裁（**小弓公方**）。早雲過世之後，兩上杉家以「關東是關東人的關東」為口號，拉攏小弓總裁還有甲斐區經理武田信虎，聯手對抗外來政權北條氏綱。

正所謂猛虎難敵猴群，況且氏綱的對手都是關東的名門或貴族後代，北條一族用盡全力也只能守成。苦撐八年之後，關東名門對北條的包圍網總算露出了破綻。西元

5　第一代武家政權鎌倉幕府，以將軍源賴朝為首，其次就是協助政事的執權，由源賴朝的妻子娘家北條家所執掌。源賴朝的血脈只維持了三代就斷絕，之後的政權都掌握在執權北條家手中。

一五三三年，房總地區的里見家、真里谷武田家相繼發生內鬨，政治嗅覺敏銳的氏綱立刻插手兩家的派系鬥爭。雖然這兩家的親北條派系最終未能獲得勝利，但一場內鬥下來均元氣大傷，間接地削弱小弓總裁、扇谷上杉的戰力，使包圍網開了一個缺口。

西元一五三七年，扇谷上杉家世代交替，新任家督想要出征立威，卻反在戰場上敗給氏綱，還丟了扇谷上杉家的根據地河越城。昔日被稱為關東四大勢力的扇谷上杉，如今淪落到只剩下兩城的窘境。

氏綱給扇谷上杉迎頭痛擊後，下一個目標便是拔掉房總地區反北條的核心——小弓總裁。自從古河總裁內鬨分裂之後，氏綱採取遠交近攻的戰略，與身為兄長的古河總裁（**古河公方**）打好關係，並且對他灌下迷湯：「古有云『長幼有序』，做弟弟的怎麼可以反抗哥哥呢？讓我來為你出一口氣」。

氏綱取得了討伐小弓總裁（**小弓公方**）的開戰名義，在西元一五三八年開戰，史稱「第一次國府台之戰」。相傳小弓總裁自恃武藝高強，騎著駿馬在前線指揮，結果被北條軍的強弓一箭射死，不僅小弓總裁戰死，連他的弟弟和嫡子也在此戰中喪命。這一戰下來，不但除掉北條包圍網的一員大將，加上關東事業部的堀越總裁、小弓總裁皆已不在人世，論輩分與家世，古河總裁名正言順地搶回關東事業部最高領導者的頭銜。氏綱也成了擁護古河總裁的大功臣，並藉此機會將女兒嫁給古河總裁，得到關東副總裁（**關東管領**）的地位。

從室町幕府的典章制度來看，關東管領由幕府將軍任命，古河公方其實沒有權力任命北條氏綱為關東管領，頂多只能說是古河公方私授的關東管領。但是北條家的宣傳戰打得漂亮，此事大大提升了北條一族在關東的影響力，靠著氏綱的努力，北條家從「他國的逆徒」躍升為關東管領，得到與名門上杉家分庭抗禮的名分。

氏綱在關東努力經營，從東南方的房總地區打開一條活路，北邊順利拿下扇谷上杉氏的根據地河越城。但在國境之西卻起了變化，從早雲的時代開始，北條和今川兩家一直都是姻親兼死黨的良好關係。但在西元一五三六年，早雲一手扶植的今川氏親猝死，今川家爆發繼承人之戰，史稱「花倉之亂」。

北條氏綱派兵協助今川義元取得勝利。但是義元卻一改外交方針，迎娶北條包圍網成員武田信虎之女，也就是武田信玄的姊姊為妻，今川與武田締結婚姻同盟。昔日氏綱全力支持義元，最後卻落得真心換絕情，讓氏綱憤而發兵攻入今川領地，佔領富士川以東的河東地區。

北條家第二代當主氏綱的知名度雖不及開創基業的早雲，也比不上人稱「相模之獅」的北條家第三代當家氏康，但氏綱撐過北條包圍網，讓北條家能夠名正言順地治理關東地區，成功地完成了承先啟後的大業。

西元一五四一年北條氏綱逝世，由第三代傳人氏康繼任。同年在甲斐國，年輕的武田信玄發動政變，放逐父親、繼承家業。關東三國志的兩大主角，武田信玄與北條氏康正式粉墨登場，關東的歷史又翻過了一頁。

第三章 相模之獅與關東三國志

從前兩章所述之北條早雲、氏綱的歷史來看，北條家非常善於掌握時機，只要敵對勢力世代交替，或是發生內鬨爭權時，就是北條家見縫插針、擴展勢力的最佳時機。不過風水輪流轉，第三代傳人氏康繼承家業之後，周遭的敵人毫不留情地對北條家展開猛烈攻勢。

從河越夜戰到操控古河公方——相模之獅發威

西元一五四五年，今川義元偕同武田信玄攻入河東地區，討回當年北條氏綱在花倉之亂後奪走的地盤。而擅長網內互打、打自己人免費的扇谷上杉以及山內上杉，也說服了原本親北條的古河公方，三家一起出兵包圍北條家的河越城。

氏康內心很清楚，比起經營沒幾年的河東領地，關東才是攸關北條存亡的心臟地帶。氏康透過武田信玄的調解，以放棄河東領地為條件，與今川協議休兵。隔年一五四六年四月，氏康帶兵前去救援河越城，眼見敵眾我寡，便善用名門貴族最愛聽人奉承的習性，先是低聲下氣道歉以降低對方的戒心，並且乞求議和，然後趁兩上杉家與古河公方鬆懈之際，氏康與河越城守將發動夜襲戰，裡應外合地擊敗敵軍，史稱**河越夜戰**。

河越夜戰之後，扇谷上杉家滅亡，山內上杉家督兼關東管領上杉憲政則是元氣大傷。氏康花了四年的時間吸收扇谷上杉的地盤，將武藏國大部分地區納入自己的版圖之下，接著下一個目標就是山內上杉家的上杉憲政。

河越夜戰（1546）

西元一五五二年，氏康攻打山內上杉的城池時，城中守將竟然出賣憲政的嫡子投降北條。關東管領本來是室町幕府體系下在關東的第二號人物，如今不但被北條軍打到毫無還手之力，竟連自己的兒子都保不住。

失去威信的上杉憲政，得不到上野國人眾的支持，在上野國內四處碰壁，最後選擇逃往越後，投奔長尾景虎，也就是我們所知的上杉謙信。曾經雄霸關東沃野的上杉家，如今不得不飄零到雪國越後。不過造化弄人，這個差點要滅亡的山內上杉家，卻意外地在越後藉著謙信延續到幕末。而憲政雖然受到禮遇，最終還是死在謙信的外甥上杉景勝手上。詳情請參考上杉篇第二章與第五章。

除掉扇谷上杉、趕走山內上杉後，當年河越夜戰的仇家就只剩下古河公方。但古河公方好歹也是室町幕府舊體制下關東地區的名義領導者，如果對他輕舉妄動，恐怕會弄巧成拙地引起舊勢力反抗。因此氏康選擇由內部操縱，將自己的姊姊嫁給古河公方足利晴氏，兩人之間生下一子，名梅千代王丸。而氏康的如意算盤，正是打算藉由這個外甥來控制古河公方。

在北條家的壓力下，古河公方宣布廢嫡立庶，改立梅千代王丸為接班人。但古河公方和嫡子還是吞不下這口氣，在兩年後的一五五四年起兵反抗，然而此舉正中氏康的下懷，他立刻發兵鎮壓並軟禁古河公方。日後梅千代王丸元服改名為足利義氏，氏康再將女兒嫁給義氏，以舅舅兼岳父的外戚身分掌權。

既是舅舅又是岳父，雖然這種親上加親的聯姻方式，在日本戰國時代及歐洲中古世紀都很常見，但如果發生在現代社會，應該很有成為八卦雜誌頭條的實力吧。

氏康利用室町幕府的體系制度，將統領關東的大義名分抓在手上。北條一家三代靠著移花接木的手法，從「他國的逆徒」搖身一變，成為輔佐鎌倉公方統治關東的名門豪強。

當然關東境內仍有許多不服北條的勢力。西元一五五四年，氏康將女兒嫁給今川義元之子，並讓兒子氏政迎娶武田信玄的女兒，北條、今川、武田這三強透過婚姻關係締結同盟，史稱**甲相駿三國同盟**。藉著婚姻同盟穩固後方，北條家終於能無後顧之憂地整合關東的反對勢力。

西元一五五九年東日本發生大饑荒，氏康為安定民心，決定隱居並將家督之位傳給第四代家督北條氏政。

故事說到這裡，各位讀者可能以為北條家從此過著幸福快樂的生活。但是在戰國亂世中，故事可沒這麼簡單。

當年被氏康趕跑的正牌關東管領上杉憲政，逃到越後投靠長尾景虎（以下統稱為謙信），憲政知道自己無法重振家業，決定收謙信為養子，將名門上杉家和關東管領的寶座讓給謙信。由於敘任關東管領需要得到幕府的承認，謙信在西元一五五九年上洛謁見天皇以及將軍足利義輝，取得幕府的同意。

隔年打著「**天皇陛下與將軍推薦、山內上杉家栽培**」的金字招牌，戰鬥力爆表的謙信就像是金髮的超級賽亞人，北關東的國人領主看到謙信的金光霸氣，不由自主就膝蓋一軟地歸順謙信。

三國同盟行不行？戰場上沒有永遠的盟友

西元一五六一年閏三月，謙信在北條家出錢出力修築的鶴岡八幡宮前，正式成為憲政的養子，敘任鎌倉府的第二高官關東管領，並繼承名門山內上杉家。雖然謙信大搖大擺地進入關東，還到小田原城耀武揚威了一番，但是謙信軍隊的補給線太長，加上關東的在地勢力厭戰氣氛高漲，謙信最後還是帶著軍隊返回越後老家。

謙信前腳才剛離開，北條氏政立刻出門聯合盟友武田信玄，重新整合關東國人眾。上野國與武藏國的國人眾，像是跳恰恰般地遊走於北條、上杉兩家之間。

北條家與武田家以婚姻同盟為根基，眼前又有上杉謙信這個共同敵人。對北條家來說，繼承山內上杉家與關東管領地位的謙信，可說是北條統治關東的眼中釘；對武田家而言，謙信也是統一信濃國的最大阻礙。北條和武田合作無間，把謙信釘死在關東地區，但是北條與武田的合作，被「桶狹間之戰」打亂。關於這場傳奇的戰爭，請參考織田篇第二章。

隨著今川義元戰死於桶狹間之戰，中相駿三國同盟逐漸產生了裂痕。西元一五六八年十二月，在織田信長的牽線之下，武田信玄與德川家康決定瓜分今川家的領地。在事前已策反多位今川家臣的情況下，信玄於十二月六日率領大軍出征駿河，而今川氏真派出的軍隊竟也不戰而逃，信玄趁勢在十二月十三日攻入駿府。今川氏真帶著出身北條家的正室早川殿落荒而逃，相傳戰情緊急到早川殿連轎子都沒得搭，只能跟著夫君一起徒步逃到掛川城。北條氏政雖然率兵支援，但終究還是晚了一步，北條軍在十二月十四日進駐河東地區，一邊與上杉謙信交涉同盟，一邊派出使者要營救女婿和女兒。

西元一五六九年五月十五日，掛川城開城投降德川家康，家康將今川氏真與早川殿讓渡給北條家。一個月後，北條與上杉締結同盟，將北條氏政的七弟北條三郎送到上杉家當人質。但是這個盟約維持不到兩年，在西元一五七一年第三代家督氏康病逝之後，第四代家督氏政選擇與謙信斷交，重新與武田信玄締結盟約。畢竟北條與上杉之間征戰多年，對於彼此的信任都不足。

雖然北條與上杉斷交，又與武田重新結盟。不過此時北條、武田、上杉關東三雄都各有自己的重心，上杉謙信將矛頭瞄準越中，武田信玄與勝賴這對父子則忙著與德川家康、織田信長交戰，北條將重點放在對抗佐竹、里見等反北條勢力上，北條、上杉、武田三家又回到互不干涉的穩健局面。

直到西元一五七八年謙信病逝，關東三強再度面臨重新洗牌的局面。當年送到上杉家當人質的北條三郎（上杉景虎），成為上杉家繼承人之戰的重要角色，這場繼承人之戰稱為「**御館之亂**」，北條三郎最後兵敗自殺，詳情請參考上杉篇第五章。

御館之亂後，氏政聯合家康，而勝賴聯合反北條的佐竹，兩派在關東展開激烈的戰爭。勝賴雖在遠江、三河戰場敗給織田與德川聯軍，卻在上野戰場壓過北條軍。北條氏政像三明治一樣，被武田、佐竹兩面包夾，只好透過新盟友家康向信長說情。

西元一五八〇年，第四代家督氏政引退，將家督之位讓給第五代的氏直，理由是為了與織田家締結婚姻同盟。根據織田家的史料《信長公記》記載，氏政向信長派出使者，表示願意從屬信長，並且讓嫡子氏直迎娶信長的女兒為妻，條件是希望信長承認北條家保有關八州的統治權。

西元一五八二年，發生了**武田滅亡**以及**本能寺之變**兩件大事。北條家與織田家還沒正式聯姻，這個約定就自然消滅了。對北條家來說，當年被勝賴打得滿頭包，加上信長來勢洶洶，只能委曲求全地要求從屬織田來保全家業。沒想到武田和織田勢力在一年之間相繼瓦解，北條突然變得海闊天空。

本能寺之變後，上杉景勝、北條氏政、德川家康都鬆了一口氣，三人爭相發兵攻打無主的空白地。而北條與德川在甲斐纏鬥兩個月之後，彼此都覺得附近還有許多發展空間，不應浪費時間打拉鋸戰，於是雙方快速地締結了婚姻同盟。約定將甲斐、信濃讓給德川家，關東的地區則交給北條家，並且擅自將屬於真田家的上野國**沼田領**劃分給北條。然而，不論他們如何好說歹說、利誘或是武力攻打，真田家都不願意讓出沼田領地。

其實對北條家或是德川家來說，真田家根本就是微不足道、一踩就死的小角色。但是真田家就像一根利針，刺痛了德川，也導致北條五代的滅亡……

第四章 讓高牆倒下吧！小田原之戰

武田、上杉、北條這三大戰國強豪，雖然分別出身守護、守護代和幕府官僚，但是這三家的行動都圍繞在關東一帶，與京畿大多是間接影響。例如早期關東的四大戰事（上杉禪秀之亂、永享之亂、享德之亂、長享之亂），雖然受到幕府將軍的影響，但是實際開戰的都是關東的在地勢力，並沒有發生過幕府從京畿派大軍攻入關東的案例。但是隨著時代的風雲兒織田信長終結室町幕府，橫掃日本各地之後，武田、北條、上杉都感受到時代的變化，關東與京畿不再是各自為政、僅有間接影響的兩大區塊，而是沒有界線且互相連動的命運共同體。京畿的一舉一動，將會影響整個關東的局勢，武田的滅亡就是最好的例子。

西元一五八二年，織田信長橫死於本能寺之變，隔年北條與德川這兩大家締結婚姻同盟。而羽柴秀吉自詡為信長的接班人，在本能寺之變後急速地擴張勢力，他蠶食鯨吞原本屬於織田的地盤，雖然在西元一五八四年的小牧長久手之戰中，秀吉在戰術上輸給了德川家康，但是秀吉運用外交手段取得這場戰爭的勝利（詳情請參見豐臣篇

第三章）。西元一五八五年，秀吉就任關白，並且成功出兵平定四國，正式成為掌控京畿的霸王。

昔日關東霸主未察時局變化，沼田問題成開戰導火線

秀吉拿下京畿的主控權之後，下一個目標就是關東了。有鑑於小牧長久手之戰的覆轍，秀吉策反德川家康的譜代家老，這時家康終於察覺事情的嚴重性。家康向北條氏政打過招呼之後，正式向秀吉俯首稱臣。

隨後，家康積極遊說盟國北條臣屬秀吉。或許是北條家還沒體會到秀吉的實質影響力，也有可能是京畿與關東已經各自為政長達百餘年，因此北條家雖然有把家康的話聽進耳裡，但似乎還不明瞭秀吉的可怕。昔日北條早雲、氏綱、氏康三代，以敏銳的政治嗅覺見縫插針，打敗了老朽又僵化的關東名門勢力。沒想到風水輪流轉，北條家失去了最重要的特質，成為下一頭反應遲鈍的巨象。

西元一五八八年，家康軟硬兼施地交涉，甚至說出「如果北條不願意臣從秀吉的話，就把我的女兒送回來，讓德川和北條斷交」。「退而不休」的第四代家督北條氏

政，派弟弟氏規上洛晉見秀吉，並希望秀吉能夠出面仲裁沼田領地問題。何謂沼田領地問題呢？本能寺之變後，真田家有一段時間從屬於德川，而家康為了與北條結盟，片面地將真田一族經營的沼田領地割讓給北條家。真田一族大為光火，遂轉投秀吉旗下，頑強抗拒北條與德川勢力。既然秀吉當了真田背後的靠山，北條家便要求秀吉先處理**沼田問題**，再來談臣屬問題。

西元一五八九年二月，秀吉將三分之二的沼田領地劃給北條、留下三分之一給真田家，且雙方不得有異議。真田家雖然有許多不滿，但是老大秀吉都說話了，真田只能默默吞下。反倒是北條家中分裂成兩派，當家的第五代家督氏直和他的叔父氏規屬於主和派；而已經隱居的第四代家督氏政則是主戰派的精神領袖，他不服秀吉的裁決，認為秀吉應該要將沼田領地全數讓給北條。

同年十月，主戰派的北條家臣擅自進攻真田領地的名胡桃城。此舉不但在情緒上激怒秀吉，在政治層面上亦相當於蔑視關白的權威，狠狠打了豐臣政權一記響亮的耳光。惹得秀吉震怒道「連我爸都沒這樣打過我。沼田領地之事，怎麼想都是你們北條的錯！」

即使北條家中的主和派再三向秀吉解釋也無濟於事，一個月後，秀吉對北條家發出宣戰布告，號令天下大名率軍團攻北條。主戰派的第四代家督北條氏政，曾成功抵擋上杉謙信、武田信玄的進攻，很有可能是仗著過去的成功而小看秀吉。前兩次的小田原之戰，北條軍利用領地的縱深以及**支城聯絡網**牽制敵軍，謙信當時就是因為補給困難加上士氣低迷，最後只能選擇撤退。這次秀吉率領的大軍，想必是主力走東海道，分隊走中山道而來。

北條家打算用老方法牽制中山道的敵軍。但是東海道大多是平原地形，無法利用領國優勢來

小田原之戰(1590)

牽制從東海道而來的軍隊，唯一能夠依靠的只有箱根山這條防線，因此北條將兵力集中在箱根山周遭的足柄城、山中城、韮山城，打造防衛小田原城的**箱根鐵壁三連星**。在外交方面，北條還有伊達這個盟友，打算藉由伊達家的力量牽制上杉軍。

但是秀吉的**動員力**和**後勤補給能力**早已遠遠超出北條的想像，單就這兩點來說，甚至連武田信玄、上杉謙信都看不到秀吉的車尾燈。秀吉透過「檢地」確認各大名的國力，雖然當時太閤檢地尚在執行當中，落實程度也還有爭議，不過比起武士自行決定徵召多少士兵參戰的舊制度，秀吉對於旗下諸將的掌握程度已經提高許多。

西元一五九〇年三月一日，秀吉率軍從京都出發，號令天下二十二萬大軍進攻北條，主力約十七萬大軍從東海道進攻，支隊的三萬五千大軍則從中山道進攻，另外還有一萬五千水軍封鎖相模灣。北條家也對領國下達總動員令，徵召十七歲到七十歲的男子參戰，但即使召集了八萬左右的軍力，卻分散在各支城，無論質或是量都無法與秀吉的大軍抗衡。

三月二十九日，秀吉的主力軍隊向箱根山的鐵壁三連星發動攻擊，所謂大工不巧，懸殊的兵力優勢和完善的補給線，就像楊過手上的玄鐵重劍一樣，只要灌輸內力橫劈直掃就能戰無不勝。秀吉已經不需要玩什麼戰術，光靠兵海戰術輾壓北條防線即可。昔日在小牧長久手之戰大敗而歸的豐臣秀次，率領三萬五千軍力攻破只有五千守軍的山中城。足柄城守將聽聞山中城只撐了半天就被攻破，連忙撤軍返回小田原城。伊豆國的韮山城守將是主和派的北條氏規，秀吉手下留情，只留下部分士兵包圍韮山城。北條軍引以為傲的箱根鐵壁三連星防線，就這樣瞬間癱瘓。

秀吉派遣一萬五千水軍封鎖相模灣，成功截斷伊豆與小田原城的聯繫。秀吉的大軍在四月初將小田原城團團包圍，秀吉為了向北條一族以及參軍的大名展示自己的能力，決定在小田原西南方的石垣山建造一座雄偉的城池。

西元一五九〇年四月九日，秀吉登上石垣山觀察戰局與地勢。一個月後的五月十四日，秀吉寫信給寧寧夫人，提到石垣已經完工，準備要搭建天守閣等建築物。六月二十六日，秀吉正式將本陣移到此處。短短八十天左右的時間，竟然能在山上蓋出一座具有石垣的城池。相傳秀吉命令士兵，將石垣山城前的樹木全部砍掉。北條軍的士兵看到一夜之間出現的城池，個個心生畏懼，全軍士氣大挫。

六月五日，北條家的盟友伊達政宗帶著隨從抵達小田原，但他並不是來救援盟友，而是來向秀吉低頭。六月九日，政宗身穿象徵不惜一死的白衣向秀吉謝罪。秀吉以政宗違反「惣無事令」[6]為由，沒收政宗在惣無事令頒布之後攻打下的領土，安堵

6　亦可翻譯為「總無事令」。日本學者藤木久志認為，豐臣秀吉就任關白之後，以天皇的代理人自居，命令天下武士不得私自發動戰爭。但當時關東與奧羽仍有許多小型戰事。

伊達家原有的領地。如此一來，伊達家算是順利逃過一劫，北條家則是陷入孤立無援的困境。

另一方面，從中山道進攻的分隊則沒有那麼順利，分隊花了兩個月左右攻略上野及武藏的支城，於六月二十三日攻下北條一族駐守的八王子城。鐵壁三連星的韮山城見大勢已去，在隔天開城投降。由於北條軍將兵力集中在中山道以及東海道這兩條路線，在關東地區東側的防守軍力相對減弱，秀吉本隊在包圍小田原城之餘，派出部分軍力勢如破竹般地攻下江戶城、下野、下總、上總等北條軍城池，卻在忍城跌了一個大跤。

通說描述石田三成與大谷吉繼率兵包圍忍城，石田三成決定模仿當年秀吉水淹高松城[7]的經驗，派兵築堤包圍忍城。但忍城內的軍隊破壞堤防，並且堅守城池到最後一刻，弄巧成拙的石田三成從此被蓋上「不擅作戰」的烙印。不過近年的研究發現，提出水攻忍城計畫的人並非石田三成，而是秀吉的主意。

北條軍引以為傲的支城聯絡網，被秀吉以壓倒性的兵力以及源源不絕的補給拆成碎片。外交方面又失去了盟友伊達家的支持，此時已沒有任何大名會挺身而出為北條說情。北條家不管在戰略、戰術、外交，都輸的一敗塗地，北條第五代家督氏直在七

7 本能寺之變前夕，秀吉率軍攻打備中國的高松城。由於高松城周遭有沼澤，大軍不易進攻，秀吉反其道而行，命將士築了長約二千七百公尺，高七公尺的土堤，引河水淹沒高松城。

月五日投降。秀吉下令要第四代家督氏政為首的主戰派切腹自盡，並命令氏直前往高野山蟄居，關東霸者北條氏宣告滅亡。

不過秀吉並沒有對北條家的後人趕盡殺絕，小田原之戰一年後，秀吉赦免了北條氏直，並賜予他下野國一萬石的領地，但氏直於同年十一月病逝，由主和派的氏規之子氏盛繼承，使北條一族的血脈延續到幕末。

第五章 民政與軍制的模範生

關東的霸者北條一族，在戰國迷心中應該是一個很特別的存在。大家都知道北條家的制度非常優異，歷史節目經常稱北條一族是民政之王，但如果要問北條強在哪裡，卻又好像說不出個所以然。

這是因為戰國時代大部分的大名，甚至是以改革著稱的織田信長，遺留下來的軍政的紀錄或是規範條文都非常少。相較之下，北條家留下大量完整的資料供後人參考，許多由北條訂立的制度反而被擴大解釋，誤打誤撞地變成戰國時代各地通用的「標準範本」。接下來就帶各位讀者一探究竟，認識北條一族所施行的民政與軍制。

民政

民政包含了土地、賦稅等五花八門的細項，可以說是戰國大名最重要的課題之一，但因為文獻不足，加上各個大名有不同作法，讓人常常有霧裡看花的感覺。

戰國時代的基層分為**百姓**以及**職人**。我們經常會誤以為百姓等於農民，但其實百姓是一個廣義的集合名詞，其中也包括了流通業者、經商者；而職人則是具備特殊技能，比一般百姓擁有更多的特權，也可以減免稅金。例如《小田原眾所領役帳》中明文記載了鍛造師、刀劍師、製鎧師、木工、石材等職人領袖。至於一般百姓的負擔除了**年貢**之外，還有**稅金**與**勞役**。

首先是年貢。戰國時代大名的領地分為兩大類，一種是大名的直轄地，又稱為「御料所」，另一個是分封給家臣的「知行地」。直轄地的年貢上繳給大名，知行地的年貢則繳給家臣，原則上不會進大名的庫房。至於年貢繳交比例，就要看領主和百姓如何取得共識。通說認為戰國時代的年貢是五公五民，北條則以**四公六民**著稱，也就是收穫量的六成歸百姓所有。此外，年貢不見得一定是米糧，也有可能是當地的特產或資源。

另一方面，家臣必須依照自己知行地負擔軍役。不僅要定期派兵協助大名防守城池，當大名召集將士作戰時，家臣有義務要帶兵出征。這就是中世武士的關鍵字「御恩」與「奉公」[8]。大名透過**檢地**來確認家臣的知行地收成量，訂定出兵的標準。檢地可以說是大名與家臣、村莊名主之間的拔河賽，能夠執行檢地的大名，也代表他具

8　君主賜予或是安堵屬下的領地，稱為「御恩」；屬下效忠主君並且遵從主君的命令出兵，稱為「奉公」。

有足夠的統治威勢。根據目前所發現的資料，北條一族早在西元一五〇六年便執行過檢地，可以說是戰國時代檢地的先驅。關於檢地的詳細內容比較，在豐臣篇第五章會有更進一步的說明。

其實套用企業結構來看，就能了解大名與家臣如何治理領地——

假設某地有十間便利商店，區經理留下六間作為直營店（**御料所**），將四間加盟店交給手下四位店長管理（**知行地**），而這四家店的營業額（**年貢**）就進這四個店長的口袋。當區經理要辦活動的時候，四位店長要按照店鋪規模派出宣傳車以及店員幫忙。雖然營業額歸這四個店長所有，但是店長還是得出人力（**勞役**）並上繳加盟金（**稅金**）。

接下來，我們就年貢、勞役、稅金三個方面來看北條家的賦稅制度。

關於年貢，除了通說的四公六民制度之外，北條統一採用單一度量標準「榛原枡」，以免第一線的基層官員或是領主，拿不同容量的容器剝削百姓。在中世，產出一石米（約一百五十公斤）的面積稱為一反，北條家依照農地的反數來徵收年貢，原則上水田一反徵收五百文、旱田一反徵收一百六十五文。如果用米糧來繳年貢，一俵米（三斗五升）米值三百文、一俵麥值一百文。而為了刺激貨幣流通，北條家宣布若用永樂錢來繳年貢，可享有年貢半價的優惠。由於戰國時代的銅錢標準不一，如果用銅錢繳稅的話，規定三成的稅金可以用劣幣繳稅，七成要用良幣。但由於劣幣驅逐良幣的問題，北條家後來逐漸改回以米糧納稅。

勞役有陣夫、普請人足、陣迴夫等制度，百姓依照勞役項目，協助修建城池寺廟、造橋鋪路，駐守城池等工作。此外，部分項目可繳納金錢代替勞動。

至於稅金的項目非常繁雜，讓我們先來看看北條家的鄰居——武田家的稅金資料。武田家主要有反錢、棟別錢這兩大項目。

反錢是守護有權向領地內所有村莊徵收的稅金，包含大名直轄地以及家臣的知行地。但依照慣例，貴族或是寺廟的莊園保有「不輸不入權」[9]，就要看大名有沒有實力去挑戰了。舉例來說，今川一族頒布的分國法《今川假名目錄》，就公然宣示要對具有「不輸不入權」的莊園徵稅。

棟別錢類似房屋稅，依照領地的建築物數量以及等級來徵收，可以作為間接的人口調查依據。武田家的分國法《甲州法度之次第》非常重視棟別錢，明文記載就算納稅人身故或是逃亡，同鄉的人都有責任繳納。如果拒繳棟別錢者，不論逃到哪裡，武田的稅官必定會前去追稅。另外還有林林總總的臨時稅，例如武田家有富人稅，稱為

9 不用繳交年貢，可拒絕讓官吏進入莊園的特權。

有德錢，或是有娶妻室的僧侶要繳妻帶稅。

相較之下，北條家的稅金制度就比較簡單，主要有三大項目，分別是役錢（相當於武田家徵收的反錢，又寫作段錢）、懸錢、棟別錢。北條氏康在一五五〇年執行稅制改革，將諸稅合併，總共收百分之六的役錢，加上另一項百分之四的懸錢，兩者合計為**百分之十**的稅金，棟別錢則按照房屋的大小以及規格來徵收。此外，北條氏康為了避免基層官員巧立名目貪汙，會在公文上蓋上**虎印判**，並且公告如果有人加收其他名目的稅金，可直接來小田原告狀。

軍制

北條一族的軍制非常有規模，根據一五五九年制定的《小田原眾所領役帳》，可將軍隊分為以下四大類，分別是與北條一族血緣相近的**一門眾**，有遠親關係或是一起打天下的老臣**譜代眾**，直屬於北條一族指揮的**旗本直臣眾**，還有從屬於北條一族的**外樣眾**。

一門眾以北條幻庵為首，共六家。譜代眾共有四十六家，都是從早雲時代就效忠北條一族的老臣，包含早雲一起打天下的草創期七家老，早雲在駿河時代延攬的駿河眾四家，早雲率軍攻打足利茶茶丸時歸順北條的伊豆眾二十一家，早雲攻打小田原時歸順北條的相模眾十四家。而氏康再從這四十六家譜代中，特別遴選出北條二十八將老將，讓他們擔任支城領主，監視並控管關東各地叛服不定的外樣眾。

北條二十八老將當中，有五位家老深深影響了現代的日本特攝片文化，甚至可以說是超級戰隊的始祖。這五位家老合稱**五色備**，他們率領身穿不同顏色鎧甲的部隊馳騁沙場。分別是駐守河越城（扇谷上杉根據地）的黃戰士北條綱成、玉繩城（監控鎌倉的要地）的紅戰士北條綱高、栗橋城（監控古河公方）的藍戰士富永直勝、下田城（伊豆水軍據點）的白戰士笠原康勝、平井城（山內上杉根據地）的黑戰士多目元忠。除此之外還有旗本四十八番眾共九百六十人、馬迴眾共二百四十人。

以現代軍制來看，似乎沒有什麼稀奇之處。但與戰國時代其他大名相比，被認為是改革先鋒的織田信長並未留下軍制，甲斐之虎武田信玄的「武田法性院信玄公御代惣人數之事」也還有許多不明之處。而這個被稱為是「他國的逆徒」的北條一族，竟然能以外來者的身分建立如此規模的軍制，這一點實在讓人感到不可思議。

最後讓我們談談北條軍制的另一項特點——「**支城制**」。日本戰國時代的行政範

北條五色備

圍沿用令制國的制度，以「國」為單位，底下劃分為「郡」，朝廷派遣國司、郡司來管理。進入武士的時代後，幕府在各國設立守護，本書將之比喻為區經理。由武士建立城池，作為防衛據點。

而東國武將的權責範圍，依照日本學者黑田基樹的分類，「**城將**」指的是駐守城池之內，只負責軍事指揮權的將領；「**郡代**」顧名思義就是郡司的代理者，只負責徵收稅金的官僚；「**城代**」則是同時保有軍事指揮權以及徵稅權的將領；更高一層的「**支城主**」，除了具有城代的指揮、徵稅權外，還有分配領地以及裁決紛爭的權限。

其中的最高層稱為「**支城領主**」，也就是北條旗下具有獨立色彩的準大名階層。其中最有名的便是以八王子城為據點的北條氏照、缽形城的北條氏邦、岩付城的北條氏房。他們三個人都出身北條一族，成為有力國人眾的養子，繼承國人的領地與地位。因此這三位支城領主保有國眾的獨立性，理論上只是從屬於北條本家，無論軍政都不接受北條家的干涉。但是他們實際上是北條家督的兄弟，就像是有名的毛利兩川（吉川廣家、小早川秀秋）那樣輔佐本家。

北條一族直接掌管伊豆、相模、武藏這三國，而上野、下總、下野等地的國人則以從屬的身分臣服於北條旗下。面對獨立色彩強烈且叛服不定的關東武士，北條家將戰略要地支城化，以支城領主的方式來控制有力國眾，建立起北條在關東的支城聯合防衛網。

雖然這個防衛網，有效地抵抗上杉謙信、武田信玄的攻擊，但隨著天下勢力的整合，最後還是敗在豐臣秀吉壓倒性的兵力以及綿密的後勤補給。但是不得不承認，北條一族在關東實行的民政以及建設，成為日後德川家康開創江戶幕府的地基。

織田篇

日本戰國時代的風雲兒織田信長，他是尾張區經理會計課長之子，家世雖然算不上顯赫，但也稱得上一方之霸。信長自幼洞悉金錢與情報的力量，傳統的典章秩序，對他來說只是一路往上爬的墊腳石。

信長不受傳統思維的束縛，即使遭到周遭勢力的圍攻，他總能夠抓住關鍵時刻取得勝利。時勢造英雄，當信長瓦解固有秩序站在時代的頂端時，旁人對他除了崇敬之外，是否也帶著畏懼與猜疑？

織田家系略圖

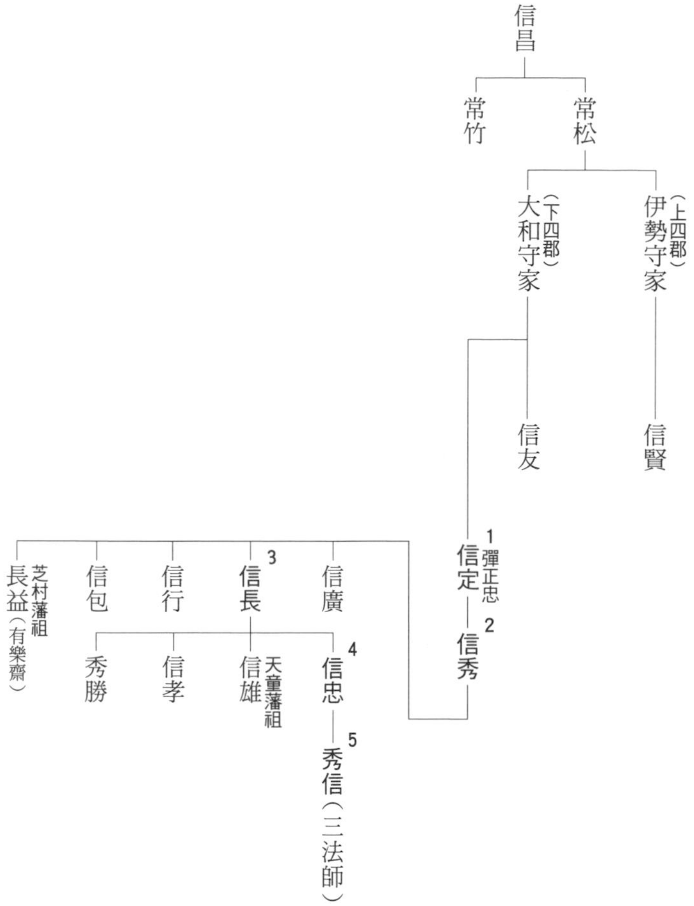
信昌
常松
常竹
（上四郡）伊勢守家
（下四郡）大和守家
信賢
信友
1 彈正忠 信定
2 信秀
信廣
3 信長
信行
信包
芝村藩祖 長益（有樂齋）
4 信忠
5 秀信（三法師）
天童藩祖 信雄
信孝
秀勝

第一章

信長是個擅長貿易流通的會計課長呢！

從各種野史與小說描繪的形象來看，少年時代的織田信長，簡直就是一個貓狗不理的麻煩人物，不僅缺乏武將的教養，平日還到處惹事生非，被稱為「尾張的大傻瓜」。有些後人好心解讀，認為信長是裝瘋賣傻來試探家臣，藉著玩樂查探地形與民情，也有人認為這是他少年時期的叛逆，直到繼承家督後才浪子回頭。

無論少年時代的信長是真呆還是裝傻，從這個外號可以知道，織田信長的地盤在「尾張」，也就是現在的愛知縣。如果我們用檢驗選舉候選人的方式，追查信長一家底細的話，就能發現信長的祖先來自北陸的越前國（今福井縣一帶）。說到越前國，各位讀者應該會聯想到，教唆信長妹婿淺井長政背叛的朝倉一族吧。事實上，織田信長和朝倉一族，以及室町幕府第二把交椅「管領」斯波一族有很大的關係。

從企業的觀點來看，室町幕府集團採取合議決策方式。斯波一族身為執行長（**幕府將軍**）的親戚，爽爽地擔任京都總部的副總（**管領**），成為決策核心的要員。斯波一族除了擔任副總的職位之外，幕府還賜予斯波家越前、尾張、遠江（今靜岡縣一帶）這三區的區經理（**守護**）身分。

身兼區經理有什麼好處呢？當然就是白花花的銀子啦。這三區境內的加盟店長（**國人**）受到斯波的管轄，加盟店的加盟金（**稅金**）都會源源不絕地匯入斯波家的帳戶。這真是戰國時代財務自由的典範啊！

話雖如此，為了監督各區的加盟店主，斯波副總將越前區，交給當地三大勢力代為管理，分別是**朝倉**、**織田**，還有一個曾經很重要，但在信長的年代早已沒落的**甲斐**。織田一族出身是劍神社的神官，除了負責祭祀之外，相傳他們與製鐵民族有很大的關聯。

何謂「製鐵民族」？

日本古代的農村社會，具有很強烈的地域性以及排他性。製鐵民族在學術界被歸類為職能民，由於他們行蹤詭異四處遷徙，自古以來就受到農村社會的忌憚與排斥。製鐵民族經常在人跡罕見的山中活動，擁有先進的技術以及獨特的情報網，在漫畫中常被描述為暗中推動歷史之人。例如星野之宣的科幻漫畫《宗像教授異考錄》中，描述山本勘助是製鐵民族成員，因為長年操作鍛冶的火爐而單目失明並且跛腿。

言歸正傳，在信長出生的一百三十多年前，斯波副總命令織田一族前往尾張，擔任尾張的代理區經理。如果斯波副總沒下這個命令的話，信長的外號也許就要改為「越前的大傻瓜」了。

其後，織田一族來到尾張，衍生出兩大分支，**織田伊勢守**掌管尾張北區上四郡，**織田大和守**掌管南區下四郡。而尾張的代表人物，人稱第六天魔王的織田信長，並非這兩個分支的嫡系後人。他出身**織田彈正忠**家系，是掌管南區下四郡的織田大和守的家老——若用企業架構來比喻，信長來自尾張南區的會計課長家族，從這裡就能知道，為什麼擔任代理區經理的朝倉家，會這麼看不起會計課長織田信長。

如果八卦雜誌的記者採訪朝倉家，大概會聽到以下回答：「織田信長？你是說在越前混得馬馬虎虎、搬去尾張發展的那一家人喔。什麼？還不是織田的嫡流，是分家中的分家織田彈正忠哦。那不就是辦公室管帳的嗎？」

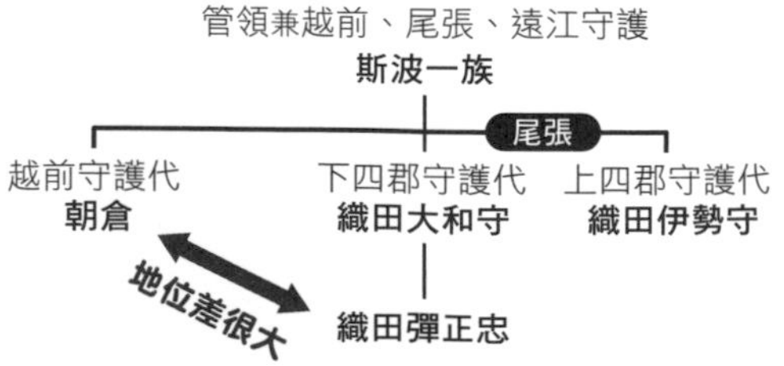

「天下人」的前哨戰——當信長他爹遇上家康他爸

儘管織田彈正忠家只是位階不上不下的會計課長，但因為地盤鄰近尾張的海運中樞津島，在利用源源不絕的銀彈及情報網後，勢力儼然凌駕頂頭上司織田大和守。正所謂有錢人說話比較大聲，一五四七年，織田信長的老爸信秀以經濟力作為後盾，向三河出兵，攻打德川家康的父親松平廣忠。

家康老爸不敵，打算將年僅六歲的兒子竹千代，也就是日後德川家康，送到今川家當人質來討救兵，不料竹千代卻陰錯陽差被送往織田家去。竹千代在織田家待了兩年，隨後才透過人質交換被釋放。

織田信秀不僅攻打東邊的三河，還與北邊美濃國的齋藤家交戰。戰後織田和齋藤決定締結婚姻同盟，西元一五四八年，十五歲的信長迎娶了齋藤道三的女兒。這個女子就是戰國迷熟知的**濃姬**，又稱歸蝶。

無論遊戲、小說或戲劇，濃姬可以說是織田家最搶戲的女主角。相傳她嫁入織田家，隨時伺機要除掉信長，但最終折服於信長的英雄氣概云云。事實上，濃姬的史料紀錄非常稀少，關於她的事蹟及人物設定，幾乎都來自後世的架空腦補。且讓我們將重點放在信長身上，濃姬的種種，就留待本章最後再來談。

信長成婚三年後，其父信秀於西元一五五二年猝逝，十九歲的信長繼承了織田彈正忠家。但這位人稱尾張大傻瓜的信長，竟然在父親的喪禮上幹了一件非常白目的蠢事，流傳於世。

日本喪禮的燒香方式，是以三隻手指捻起香灰，哀悼之後再將香灰放入香爐中，但此時的信長卻抓起一把香灰，惡狠狠地往父親的牌位上灑。如果用臺灣的喪禮比喻，信長簡直像是拿香爐裡面的三炷清香，當作飛鏢往自己父親的遺照上射。在場的織田家臣看到此景，大概都不知道以後怎麼教小孩。

從尾張大傻瓜到尾張小霸王，過關斬將的發達之路

由於信長的風評實在太差勁，尾張境內各勢力都不看好他。就連信長他媽也不挺這個兒子，打算聯合其他家臣，讓信長的弟弟繼承織田彈正忠家。織田彈正忠家自此分裂成兄弟兩派，而家督爭奪戰的解決之道向來只有一個，就是一言不合就開打。

織田家中分為兄弟兩派在戰場上互鬥，由信長派取得勝利。此時，信長的母親跑

出來調停，一把眼淚一把鼻涕地迫使兄弟握手言和。只可惜古今中外的家督爭奪戰，絕非這麼容易可以平息，每一回合都彷彿刀不見紅絕不回鞘。最後信長在一五五八年十一月裝病誘殺自己的弟弟，結束了這場家族內鬥。

信長對內除掉自己的弟弟，對外也使出許多狠辣的手段擴展勢力。當年提拔織田家的斯波副總，在京都總部權力鬥爭中敗退，夾著尾巴回到尾張，竟然在尾張南區被暗殺身亡。雖然信長根本不關心斯波家的死活，但他抓住輿論風頭，義憤填膺地「摺人」，揚言要為斯波副總討回公道，以一介會計課長的身分，聯合自己的叔父趁機擺平直屬上司**織田大和守**，奪下清洲城以及尾張南區下四郡的統治權，隨後過河拆橋地除掉自己的叔父，並在戰場上戰勝尾張北區上四郡的**織田伊勢守**。這時候，除了少數殘存的反信長勢力外，織田信長已然從一介會計課長的身分，搖身一變成為尾張區的「扛霸子」。

然而，信長的挑戰就要來臨。

東海道的強者、就連武田信玄與北條氏康都不敢小看的名將——今川義元，這時率領著大軍颯爽登場。織田信長與今川義元的世紀之戰，名為「**桶狹間之戰**」。這場戰爭不但扭轉了信長的命運，也為東國三強武田、今川、北條帶來巨大的影響。

織田信長的神祕愛妻——濃姬

在進入桶狹間之戰之前，本章最後想和各位談談人稱「蝮蛇之女」的濃姬。在信長家臣撰寫的史料《信長公記》中，僅提到「在平手政秀（負責教育信長的家老）的奔走之下，齋藤道三將女兒嫁至織田家」，之後就再也沒提到道三之女。我們所熟知的「**濃姬**」這個名字，指的是從美濃國嫁來的公主，在十九世紀中葉的《重修真書太閣記》稱她為美濃姬；幕末時代的《名將言行錄》稱為濃姬；而「歸蝶」的稱號則始於《美濃國諸舊記》，相傳這部書成書於十七世紀初期。除此之外，在另一本具爭議性的織田家史料《武功夜話》中，則稱這位來自美濃國的公主為「胡蝶」。

織田家有兄弟鬩牆，齋藤家也發生了父子相殘的人倫悲劇。濃姬的異母兄齋藤義龍，於西元一五五六年起兵對抗父親齋藤道三。而人稱梟雄的道三，打算在死前留給兒子一顆炸彈——

相傳道三死前寫下遺書，要將美濃國交給女婿織田信長治理[1]。但是這時候他早已輸得山窮水盡，就像豪宅和收藏品都被貼上封條準備法拍了，還故作大方地說要贈送給女婿。齋藤道三的這封遺書，就像一張永遠不會兌現的空頭支票。

1 關於齋藤道三與織田信長的翁婿之情，在《信長公記》有一篇有趣的紀錄。信長繼承家督一年後的西元一五五三年，齋藤道三約信長在美濃與尾張國境的正德寺一敘。道三躲在信長必經之路旁的民宅，看到女婿信長穿著奇裝異服，隨行的軍隊帶著五百隻長槍，以及弓箭、鐵砲共五百挺。但是在正德寺會面時，信長則改穿正裝。道三認為女婿大智若愚，認為自己的兒子器量不如信長。

順道一提，織田信長的嫡子織田信忠，在道三戰死的這幾年間出生，他的生母是生駒家的女兒，小說與戲劇經常稱呼這位女性為**生駒吉乃**，也有一種說法認為生駒吉乃才是信長的正室，儘管這個說法，應該會引起濃姬迷的暴動。

齋藤道三的死，為濃姬的下半輩子帶來巨大的影響。關於這位傳奇人妻的下半生，主要有以下四種說法：歷史作家阿井景子女士認為，齋藤道三死後，濃姬失去了政治婚姻方面的用途，加上她沒為信長誕下子嗣，濃姬最終失意地回到美濃，投奔母親的娘家明智一族。濃姬的母親小見之方，是明智光繼的女兒。按照《美濃國諸舊記》的記載，濃姬的母親為明智光秀的姑姑，意即濃姬和明智光秀是表兄妹的關係，因此在許多戲劇或小說中，經常拿濃姬和明智光秀兩人的感情線大做文章。濃姬回到明智家才不到半年，兄長齋藤義龍便率兵攻打明智一族。阿井景子女士認為濃姬隨著明智一族自盡身亡。

第二種說法來自江戶時代寛永年間成書的《濃陽諸士傳記》，

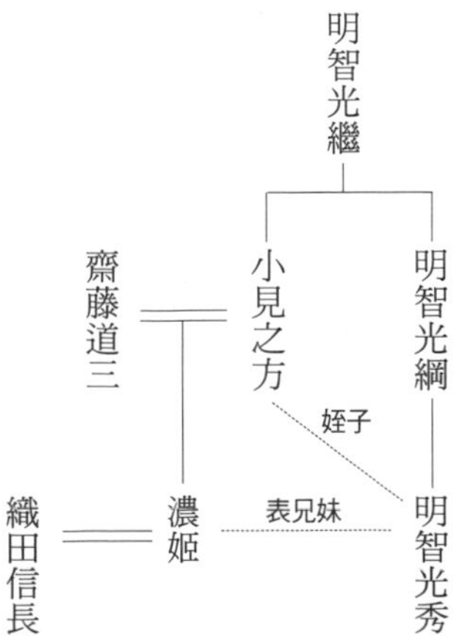

主張齋藤義龍與濃姬皆於西元一五六一年病逝；第三種說法即便沒有任何史料得以佐證，卻因源自歷史小說大師司馬遼太郎的創作《盜國物語》，最為人所知。該說法認為濃姬與織田信長在本能寺之變中雙亡。

另外，還有一種看似合理、但是藏著不少漏洞的說法。

在信長之子織田信雄的領土分配紀錄《織田信雄分限帳》中，有一位名為安土殿的女性，西元一六一二年逝世，下葬於織田信長的菩提寺總見院，法號「養華院殿要津妙玄大姊」。在《總見院追善記》中則提到，本能寺之變發生時，信長的正室「御台所」人在安土城。若這位御台所指的是濃姬，且與安土殿為同一人物，也許可以推論濃姬就葬在總見寺的養華院。

雖然這個說法有數個環節都略顯牽強，但是相較於蒼涼而逝的前兩種說法，或是宛如戰國神力女超人，在本能寺與夫君並肩作戰的第三種說法，個人比較喜歡濃姬善終，並與信長葬於同一處的論點。

第二章 大爆冷門的桶狹間之戰

大多數人對信長的印象，都是善於用兵的天才、喜怒無常的魔王或終結亂世匡復王室的尊王者。但其實上述的信長形象，大多成於第二次世界大戰前。

當時歷史文獻考證成果有限，加上舊日本軍部為了宣揚尊君愛國精神，刻意將戰國武將塑造成戰無不勝、尊崇王室的形象。這些刻板印象延續到戰後，透過小說與戲劇的渲染而深植人心。說來這種對歷史名人的美麗誤會，並非日本戰國時代的特例，我們所熟知的三國名將趙雲，其通俗形象與史實考據也有很大出入。

所幸今日對於日本戰國時代的研究，已進入百花齊放的時期，隨著古文書、史料的發現以及解析，許多被認為「**理所當然的史實**」受到質疑，尤其與織田信長相關的幾場大戰役，如「桶狹間之戰」與「長篠之戰」，更是每幾年就會出現新說。筆者身為一個業餘研究者，不敢斷言何謂日本戰國時代的真相。以下僅介紹日本歷史討論圈中常見的幾個新說與通說，並提出自己的想法。

「今川義元率領二萬五千大軍，浩浩蕩蕩準備上洛。只有三千軍力的織田信長，想要抵抗今川軍，簡直就是螳臂擋車。今川義元認為自己勝券在握，放心地在桶狹間的窪地舉辦酒宴。織田信長趁著大雨作為掩護，親自率領著士兵沿著山路迂迴進攻，居高臨下奇襲並順利斬下今川義元首級。」這是一般對桶狹間之戰的敘述，相信對日本戰國稍有涉略的同好應該都不陌生。但其實這個說法早就過時了。

舊日本陸軍參謀總部編撰的《日本戰史：桶狹間役》一書，採用上述**迂迴奇襲說**編撰的目的是為了激勵士氣，強化國民的愛國心，並且強化尊皇思想。根據研究，舊日本軍參謀總部參考了江戶時代的作品《信長記》等書籍，《信長記》的作者名為小瀨甫庵，因此又稱**《甫庵信長記》**，論可信度只有說書等級。直到四十年前，這個說法都還是史學界的定說。但在四十年前，史學家藤本正行提出反論，他引用**《信長公記》**的資料來反駁，引發學界熱烈討論。

《甫庵信長記》與《信長公記》，這兩部作品的名字如此相似，實在讓人傻傻分不清楚。簡單來說，《甫庵信長記》的作者**小瀨甫庵**生於桶狹間之戰後，這套作品在江戶時代廣為流傳，可說是信長傳說大鍋炒的始祖。而《信長公記》的作者是**太田牛一**，他比信長年長七歲，前半生擔任信長旗下的弓箭隊長，後來轉型為文官，撰寫關於信長的回憶錄。如果要研究信長的生涯，參考價值最高的是當代的書信、日記、或是政令軍令以及表揚戰功的感狀等史料。但由於桶狹間之戰缺乏相關史料，只能退而求其次。不過比起融合鄉野傳奇的說書文本《甫庵信長記》，自然是太田牛一所撰寫的《信長公記》的公信力較高。

比起家喻戶曉的「迂迴奇襲」通說，桶狹間之戰還有什麼新學說呢？以下將沿著三個時間段落來探討桶狹間之戰。

一、今川義元為何率軍攻打尾張？

通說認為，今川義元看到室町幕府集團的京都總部爛成一團，氣吞山河地認為「南蠻人說能力越強，責任越大。我身上流著源氏之血，當然要扛起匡正亂世的重責大任。」但是率軍上洛不像玩動作遊戲《戰國無雙》或是《仁王》，一路過關斬將就能達成目的。如果今川義元真要率領大軍上洛，勢必得拉攏沿路的友好勢力，事前排除可能會發生的阻礙，才是上上之策。但是今川義元在桶狹間之戰前，並未拉攏美濃、近江的在地勢力。

《信長公記》記載，今川義元策反了鳴海、大高、沓掛三座織田方城寨。眼見今川義元侵門踏戶，信長下令修築五座城寨，分別是牽制鳴海城的丹下、善照寺、中嶋砦，還有牽制大高城的鷲津、丸根砦。

今川義元好不容易策反了織田方的城寨，他必須保住這些城寨，穩固在地領主的忠誠度，宣揚「不棄不離，是我今川」的理念，才能誘使其他游移勢力投誠。從這一點來看，今川義元率領大軍前往尾張，真正的目的很可能是要打下織田的五座城寨，瓦解織田的勢力，而非通說的上洛。

根據《信長公記》記載，今川義元在五月十七日率領大軍進入沓掛城，《日本戰史：桶狹間役》則是記載十八日進入沓掛。義元向地侍**詢問潮汐時間**，命令部下把握五月十九日清晨海水滿潮時刻進攻。海水一滿潮，織田就無法救援前線。這一點證明了今川義元並非是個狂妄自大、不明地理的愚將。

二、雨神同行！織田信長如何靠強運奇擊？

反觀織田信長，他召集家臣舉辦軍議，卻草草解散，留下了滿頭問號的家臣。五月十九日破曉之際，信長舞了一曲幸若舞《敦盛》，詠唱了最具代表性的名言「人間五十年，與下天相比，宛如一場夢幻。」，隨後命人吹響出陣的法螺貝，披甲上馬直奔熱田神宮參拜。織田家臣得知消息之後，紛紛率兵前來熱田神宮會合。此部分與一般通說沒有太大差異，但接下來就是通說與新說的關鍵差異處。

《敦盛》背後的故事

敦盛指的是平安時代末期的年輕武將平敦盛。《平家物語》描述美少年平敦盛在兵敗撤退之時，遭遇到源氏旗下武將熊谷直實叫陣。平敦盛返回戰場，但年少的敦盛自然不是熊谷直實的對手。熊谷直實要給平敦盛致命一擊時，才發現對手只是一個十六、七歲的少年，他不禁想起了自己的兒子起了惻隱之心，想放平敦盛一條生路，怎奈源氏軍隊蜂擁而至。熊谷直實如果饒了平敦盛的性命，會被友軍視為叛徒，最後只能含淚斬下平敦盛的首級。

源平合戰後，熊谷直實感嘆世間無常，剃度出家為平敦盛供養冥福。他在出家前感嘆「人間五十年，與下天相比，宛如一場夢幻，一度享壽於世者，豈有不滅者哉」。此即後世傳唱的《敦盛》典故。

織田信長在熱田神宮參拜[2]後，望見遠方冒出黑煙，他心頭一驚，心想南邊的鷲津、丸根城已經被今川軍打下。此時海水滿潮，通往鷲津、丸根城的道路被海水淹沒，信長無法率軍救援前線。信長遂率領軍隊從熱田神宮出發，經由丹下砦進入善照寺砦時，信長又遙見部下佐佐隼人正、千秋四郎，帶兵衝向今川軍之後壯烈陣亡。

通說認為佐佐、千秋兩人率軍攻打今川軍，是為了要引開今川軍注意的**陽動戰術**，信長為了不讓兩個忠臣的努力白費，決定趁機抄小路，迂迴進軍奇襲今川義元。但是《信長公記》的記載卻完全不同，指出信長並非抄小路離開，而是堂堂正正地沿著大路前往中嶋砦。眾家臣拉著信長的韁繩，苦勸信長「主公萬萬不可啊！這條路不僅狹窄難行，而且行動還**被敵軍看得一清二楚**。」面對家臣的勸諫，信長則是意氣昂揚地說「敵軍從昨天深夜就出戰，又剛打下兩座城寨，勢必疲憊不堪。這時候正是給予敵軍迎頭痛擊之時。」

信長此話看起來很有道理，但其實今川軍兵分二路，眼前的敵人並非疲憊不堪的軍隊，而是還沒作戰的生力軍。但是信長實在莫名**強運**，無論他是故意說假話激勵士

2 針對織田信長參拜熱田神宮一事，後世有許多錦上添花的傳說。有一說熱田神宮內傳來金屬敲擊聲；《名將言行錄》則說有兩隻白鷺翱翔天際，象徵神明保佑織田軍；後世的《集覽桶狹間記》則記載，信長讓熱田一帶的兒童拿長竿高掛旗幟，或是要求村民拿長竿跟在軍隊後方，製造長槍兵的假象。

兵、或是沒有掌握正確情報，都無損織田信長的鴻運當頭。所謂運氣也是實力的一部分，古人誠不欺我。

讓我們先回到通說，相傳信長繞小路準備背刺今川義元時，粱田出羽守前來通報今川義元在桶狹間（一說為田樂狹間）休息，更讓信長相信此戰必勝無疑。這時突然天降大雨，遮蓋了織田軍行軍的聲音，織田信長一路衝到今川義元本陣，發動奇襲一舉拿下了今川義元的首級。

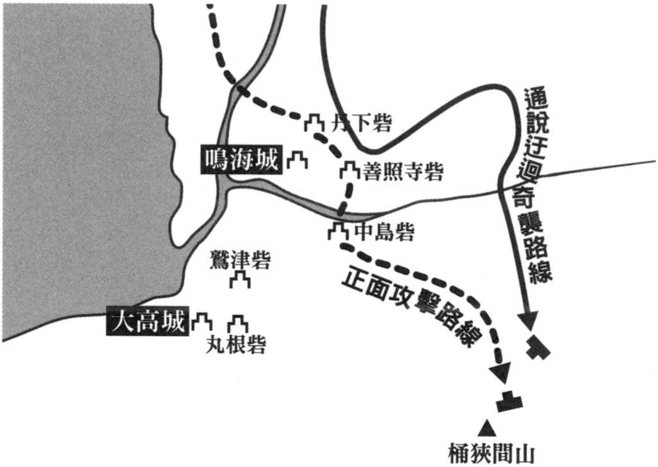

桶狹間之戰（1560）

神秘人物「簗田出羽守」

簗田出羽守可說是桶狹間之戰的靈魂龍套人物，在通說中他是桶狹間之戰第一功臣，將今川義元駐軍處報告給信長。但是如果深入探究他的戰功，恐怕會讓人感嘆「簗田出羽守是否過譽了？」。

太田牛一撰寫的《信長公記》的桶狹間之戰中，並未記錄他的功績；成書於桶狹間之戰約五十年後的《甫庵信長記》，其作者小瀨甫庵在另一本著作《太閤記》中提到，信長採納簗田出羽守的建議而取得大勝；大約同年代的《備前老人物語》，則說「信長賞賜他沓掛三千貫領地，比斬下今川義元首級的毛利新助獎賞還多」；桶狹間之戰的兩百多年後，尾張藩士在十八世紀編撰的《尾張桶狹間合戰記》，宛如戰地記者般生動描述「簗田出羽守派出的細作紛紛來報，今川義元行軍至桶狹間山的北邊，舉辦酒宴休息。簗田出羽守立刻建議織田信長，如果走山間小路襲擊必能取勝無疑」。

目前唯一能夠證明簗田出羽守的史料，只有桶狹間之戰後連歌師的遊記提到沓掛城是簗田的領地，有一說認為簗田出羽守是沓掛地區熟知地理的在地領主。

桶狹間之戰後，粱田出羽守只有零星的一些紀錄，逐漸退出了歷史的舞台。

有別於通說的情節，《信長公記》同樣記載了天候變化，但是描述的細節卻大不相同。《信長公記》記載信長率軍攻往山麓時，此時降下豪雨，大樹也被強風吹倒。位處於迎風面的今川軍將士，簡直如同《冰雨》的情境，「冷冷的冰雨在臉上胡亂地拍，暖暖的眼淚跟寒雨混成一塊」。

織田信長眼見天賜良機，大聲鼓舞士兵說「剛才參拜的熱田大明神顯靈啦！這場暴雨是天兵天將下凡啦！」待**雨停之後**，便命令軍隊攻打今川軍的前陣。剛被大雨打得狼狽不堪的今川軍前陣，受到織田軍的突擊而大亂，敗逃的士兵連帶影響後方的今川軍本陣。今川軍的旗本武士隨即圍成圓陣，組成人牆保護大將今川義元撤退，兩軍在此數度激戰。最後，東海道的強者今川義元，大爆冷門地在此送了性命[3]。

三、眾說紛紜！織田軍的關鍵勝因是？

在這關鍵時刻，織田軍究竟是如何對今川軍揮下致命一擊呢？通說描述今川軍耽

3 在通說或是歷史劇中，織田軍勢如破竹地擊敗今川軍，讓人覺得今川軍似乎不堪一擊。其實根據《信長公記》的記載，今川軍的三百騎馬迴眾，全力保護今川義元撤退。就連織田信長也下馬參加步戰，織田軍戰死者不盡其數，在將今川馬迴眾殺到剩下五十餘騎之後，才終於擊殺今川義元。

於酒宴，又被大雨淋成落湯雞，英明神武的信長把握機會，居高臨下發動奇襲。

對此，最早質疑通說的學者藤本正行以《信長公記》為佐證，提出了「**正面攻擊說**」。他認為織田信長是堂堂正正地攻向今川軍，而狂風暴雨正巧打亂了今川軍前陣的守備，讓信長成功擊退今川軍前陣。但信長的強運不只如此，手氣正旺的他發現今川軍的旗本，便趁勝追擊，成功斬下今川義元的首級。然而這番「正面攻擊說」，總讓人覺得少了個最關鍵的勝因。

目前史學界認同以《信長公記》做研究，但是每位研究者都有其獨特的想法，造成了「一本信長公記，各自表述」的新說大亂鬥。

例如「**側面強襲說**」，主張今川義元察覺前陣戰況不妙時，決定撤往大高城，途中遭信長從側面攻擊而兵敗；還有「**正面奇襲說**」，主張信長派出梁田出羽守率領諜報部隊，殺光所有今川軍的前哨兵，阻斷今川前陣與本陣的聯絡，讓織田軍得以長驅直入奇襲今川軍本陣；甚至出現改良版的「**第二代迂迴奇襲說**」，主張信長在善照寺砦兵分二路，信長率領主力軍隊正面攻向今川軍，聯合別働隊一起夾擊今川義元獲勝；另外值得一提的是「**亂取狀態奇襲說**」，黑田日出男教授以《甲陽軍鑑》為依據，認為今川軍打贏勝仗之後放任士兵掠奪，信長才趁機對今川軍本陣發動奇襲，最後獲勝。

正因為桶狹間之戰有這麼多疑點，有兩處都自稱是桶狹間古戰場決戰地。一個是桶狹間山北側的田樂狹間，行政區屬於愛知縣豐明市，這裡有許多江戶時代的供養塚。另一個則是桶狹間山西側的桶狹間，行政區屬於名古屋市，一說認為今川義元打算逃往大高城的途中在此地殞命。每年的五月以及六月，兩地分庭抗禮般舉辦桶狹間之戰古戰場祭典。

無論「桶狹間之戰」的真相究竟是什麼。這場以小搏大的經典戰役，成為信長英雄傳說的起點，相信今後一定也會有歷史研究者提出新說，這也是研究信長歷史的趣味之一。

第三章 相依相殺的信長與義昭

桶狹間之戰後，信長花了七年的時間，才攻下齋藤家的根據地稻葉山城，並將此城改名為岐阜城，從這裡展開「天下布武」的志業。可能因為織田信長的魔王形象太過強烈，讓人誤以為他單憑靠強大的軍事力就能橫掃天下。事實上，他能夠從統御美濃、尾張的地方勢力，成為號令天下的天下霸者，其中的關鍵在於**足利義昭**。

在談織田信長與足利義昭的愛恨情仇之前，先來重溫幕府政權體制。

室町幕府體系與應仁之亂

日本歷史曾有三個幕府政權，一個是源賴朝所建立的**鎌倉幕府**、一個是歷經南北朝與戰國時代的**室町幕府**、另一個是德川家康所建立的**江戶幕府**。我們受到《暴坊將軍》、《水戶黃門》等影視作品的影響，很容易將江戶幕府的印象帶入室町幕府，以為室町幕府的足利將軍，和電視劇《暴坊將軍》的德川吉宗一樣，只要大喊一聲「汝忘記余之容顏了嗎？」」，敵人就會乖乖地趴在地上。可惜在室町時代完全不是這麼一回事。

室町幕府是將軍、管領、守護所建構的**合議政權**，政事由決策核心召開會議來決定，以將軍為首的室町幕府，具有調停紛爭、賜予榮典職位的權力。舉例來說，第十四代將軍足利義輝，曾經調停上杉謙信與武田信玄的戰爭，並賜予上杉謙信敘任關東管領的正當性。

除此之外，這三個幕府政權之中，只有室町幕府將根據地設在京都。基於地緣關係，室町幕府經常和皇室、公卿、寺院神社打交道，當兩派寺院因為寺領問題發生爭執、談不出結果時，大多交由幕府來裁決定奪。戰國時代只要談到領土問題，一言不合就是動刀動槍，而室町幕府的**司法裁判**體系兼具經驗與公信力，這也正是室町幕府雖然軍力衰弱，但是京畿地區仍奉其為首的原因。

若用企業觀點來看，室町幕府初期，是各地的加盟店長（**國人**、**地侍**）加盟室町幕府集團。名譽董事長（**天皇**）將統御全日本加盟店的權力，交給執行長（**幕府將軍**，又稱室町殿），由他管轄以京都總部為圓心延伸出去的西部地區（**室町殿御分國**）；旗下分出關東事業部（**鎌倉府**），以關東總裁（**鎌倉公方**）、副總裁（**關東管領）為首，管理關東十國；剩下的九州和東北地區，室町企業指派九州督導（**九州探題**）及東北督導（**奧州探題**），要求他們盯好集團旗下的各個加盟店，只求底下不出亂子就好。離京都總部或是關東事業部越遠的地方，加盟店的勢力就越強。

言歸正傳，明明室町幕府集團還活得好好的，為什麼會發生織田信長擁立足利義昭上洛，進而角逐「天下霸者」呢？讓我們先來看看，室町幕府的京都總部發生了什麼事。

距離信長上洛的一百多前，第六代執行長，也就是人稱惡御所、抽籤將軍的足利義教，被京都總部的幹部設宴誘殺（西元一四四一年的嘉吉之亂），導致將軍的威信一落千丈。

西元一四六七年又發生了「**應仁之亂**」，這場戰爭是歷史課本一定會出現的大事件。但是關於這場戰爭的來龍去脈，就連日本人也大多答不出個所以然，只知道這場戰爭之後，室町幕府的威信一落千丈，揭開了戰國時代的序幕[4]。為什麼這場戰爭這麼難懂呢？因為這場戰爭，包含了京都總部核心幹部的繼承人戰爭，牽扯了許多利益的糾葛。就算中途有人想踩煞車，也無法阻止戰火繼續延燒。

應仁之亂發生在第八代執行長足利義政的時代，他原本打算交棒給自己的弟弟，

4 雖然日本的歷史課本，以應仁之亂作為戰國時代的起點，但也有學者認為，戰國時代始於一四三八年發生於關東的「永享之亂」，比應仁之亂還早三十年。詳細請參考北條篇第一章。

但又生下了嗣子，種下了繼承人之戰的火種。不只如此，三大副總（**三管領**）中的斯波、畠山，家中也發生繼承人紛爭，整個京都總部的大小幹部都捲入這場大規模宮鬥鬧劇。此時整個集團內影響力最大的兩雄，分別是三大副總中的細川勝元、還有四大監察部門（**四職**）的山名宗全[5]，他們各自成為東西軍的首領，展開了一場長達十年的大戰，在這場沒有明星的大亂鬥中，作為戰場的京都變得滿目瘡痍。

以上的介紹儘管二百字不到，各位應該也都看得頭暈眼花了吧。就連當時奈良興福寺的僧侶，都在日記上記載「這是一場找不出理由的大戰」。這一戰亂直到東西兩軍主將都過世，戰火還是停不下來。這場應仁之亂打到最後大家都累了，空氣中充斥著滿滿的厭戰氣氛。此時不知道哪裡傳來一聲「不要打了，大家可以回家啦」，東西兩軍便很有默契地前後撤軍，區經理（**守護**）也紛紛率兵離開京都總部，回到自己的領地休息回血。

5　西軍首領山名宗全，是東軍首領細川勝元的岳父。在第六代將軍被暗殺的「嘉吉之亂」後，山名宗全舉兵協助幕府討伐叛逆有功，戰後山名一族執掌了十國的領地，成為當代一大勢力。

家督爭奪到底有多嚴重？戰國史上層出不窮的網內互打事件

截至目前為止，本書提到的四位戰國豪傑，都發生過繼承人之戰的問題。武田家有武田信虎和叔叔油川信惠的戰爭；上杉家有御館之亂，上杉謙信的外甥與養子勢不兩立，甚至連已經退休養老多年的前前任關東副總裁也賠上一命；北條家則是利用關東事業部高層的內鬥與介入繼承人之戰，逐漸擴大地盤；信長也與自己的弟弟拚個你死我活。

生活在和平時代的我們，頂多就是看到兄弟分家之後形同陌路，可能無法感受到繼承人之戰的嚴重性。在戰亂的年代，為了利益而爭個你死我活，其實是司空見慣之事。舉個例子來說，提到我們熟悉的三國時代的吳國，大家應該會覺得孫家兄友弟恭吧。但其實孫家也發生過「二宮之爭」，最後孫權廢了三子、殺了四子，許多大臣受牽連而死，就連陸遜也捲入這場紛爭而憤恨而死。

應仁之亂後，三大副總的斯波、畠山勢力衰退，變成細川副總獨大獨攬大權的局面。細川副總在西元一四九三年，放逐第十代執行長足利義材（日後改名為足利義稙），自己立了第十一代執行長足利義澄（北條篇第一章曾提及的堀越公方的二男），這場政變稱為「**明應政變**」，導致後來發生義稙、義澄兩派互爭正統。在這樣混亂的情況下，京畿周遭的區經理或是加盟店長，開始對室町幕府集團的命令左耳進右耳出，決定專心開發自己的領地。

義昭上洛——信長護駕有功卻不要名？

超光速地向各位讀者解說應仁之亂之後的京畿局勢之後，我們重新將焦點轉回本篇的主角織田信長上。西元一五六五年，正當信長攻打美濃之際，京都總部的第十三代執行長乃人稱**劍豪將軍足利義輝**，被細川副總（這時候其勢力也衰退了）部下出身的三好一族重重包圍。劍豪將軍武藝高強，相傳他將京都總部收藏的名刀，大典太光世、三日月宗近、鬼丸國綱、大包平等名刀插在榻榻米上，敵人來一個殺一個，殺到不順手就換一把刀再戰，無人能越過足利義輝的劍圍。對此，三好軍的士兵想到一個妙計，紛紛拿起榻榻米和窗台作為盾牌圍住足利義輝，再趁機用長槍襲擊，刺死這位武功高強的室町幕府集團執行長。

三好一族為了收拾殘局，擁立義輝的堂兄弟當第十四代執行長。而劍豪將軍的弟弟足利義昭，此時從寺院還俗並逃離三好軍隊的監視，宣稱自己才是名正言順的繼承人，尋求有錢又有軍隊的好心人保護他上洛繼承執行長。

儘管信長認為足利義昭奇貨可居，但這時尚忙於攻打美濃國。直到信長拿下美濃，改用刻有「**天下布武**」的印鑑之後，他終於能一償宿願，在西元一五六八年率領軍隊擁護足利義昭上洛。三好一族擁立的第十四代傀儡執行長，不久之後病死，意外地化解了一場尷尬的將軍寶座爭奪戰。

足利義昭依靠信長的軍事支援，順利成為室町幕府集團第十五代執行長。為了報答信長的護駕大功，義昭提案讓他成為副總（**管領**）或副執行長（**副將軍**），沒想到信長竟拒絕了這些提案，相傳他要求將堺、大津、草津這三個交通樞紐納入直轄領地。

為什麼信長要放棄這個一飛衝天的好機會呢？筆者認為，信長靠著金錢與軍隊的力量統一尾張，而且他曾親眼目睹斯波副總落魄潦倒的樣子，比起副總這個錦上添花的虛名，不如實際掌握交通樞紐，利用金流以及情報的力量。信長不想被編入幕府的體制，可能是想要利用幕府的影響力，加速擴張勢力範圍。

之所以有此推測是因為對信長來說，光是攻打美濃就花上數年的時間，而且京畿地區有許多錯綜複雜舊勢力，如果要用戰爭的方式來征服，勢必費日耗時又會遭受到許多阻礙。而且以近畿為中心的各地寺廟以及守舊勢力，一心只想要維持現狀。

天下布武印

信長成功擁護足利義昭上洛，間接得到京畿周遭守舊勢力的支持；而對足利義昭而言，信長的軍事支援是堅強的後盾，信長還在京都蓋了堅固的御所，保護足利義昭的安全。兩人藉著政治的互補關係，水幫魚、魚幫水，渡過快樂的蜜月期。

表面上信長與義昭是攜手進入京都，然而兩人對於未來的藍圖截然不同。義昭打算延續幕府代代相傳的合議制度，因此想要任命信長為副總，讓信長進入合議制度的決策核心，一廂情願地認為這樣就是對於信長最好的回報。

但是信長期望的是完全不同的未來，他表面上擁立足利義昭，復興室町幕府集團。其實信長是打算活用室町幕府集團最擅長的司法裁判專業部門，讓執行長負責疏通朝廷、公卿。所以信長擁護義昭的目的，是想要確保京畿的統治權，取得舊有勢力的間接支持。

從相依到相殺不過轉瞬之間——信長包圍網

同床異夢的信長與義昭，兩人的關係在上洛的兩年後產生裂痕。西元一五七〇年，信長向義昭提出《五箇條條書》。內容規定足利義昭頒布御內書（幕府將軍的公文）時必須抄錄副本給信長，此舉代表信長意欲監控義昭與其他大名的聯絡；在第二條與第三條，否定了義昭獨斷下達的命令，要求義昭不可拿不屬於足利家的領地褒獎家臣；第四條，義昭已將治理天下的權柄交給信長全權處理，所以信長可以不過問義昭的意見，對違逆者施予懲罰。這個條文特別耐人尋味，信長承認室町幕府將軍賜予他治理天下的合理性，但今後一切政事都交由信長一手包辦，暗示義昭不要隨便插手；第五條則是督促義昭要勤於維護和朝廷的關係。綜合這些內容，信長把義昭當作治理天下的法源依據，信長剝奪義昭的統治權，只讓他負責朝廷交涉事宜。

如以上所述，信長的《五箇條條書》帶有濃厚的警告意味。但足利義昭也不是輕易善罷甘休之人。義昭心想：「信長你有張良計，我有過牆梯。想架空我沒那麼容易！」著名的「**信長包圍網**」在這一年揭開序幕。

四月，織田信長率兵攻打越前的朝倉區經理，信長的妹夫淺井長政，無預警地發兵，與朝倉一同包夾織田軍。信長得知消息後，立刻帶著馬迴眾逃離現場，命羽柴秀吉、明智光秀等家臣負責殿後，史稱為**金崎撤退戰**。兩個月後，織田信長與德川家康聯軍，在姊川之戰對上朝倉與淺井聯軍，信長在此戰險勝，未能給予敵軍重擊。

朝倉和淺井像是導火線一樣，引燃了京畿周遭的火藥桶。之前敗給信長的各地勢

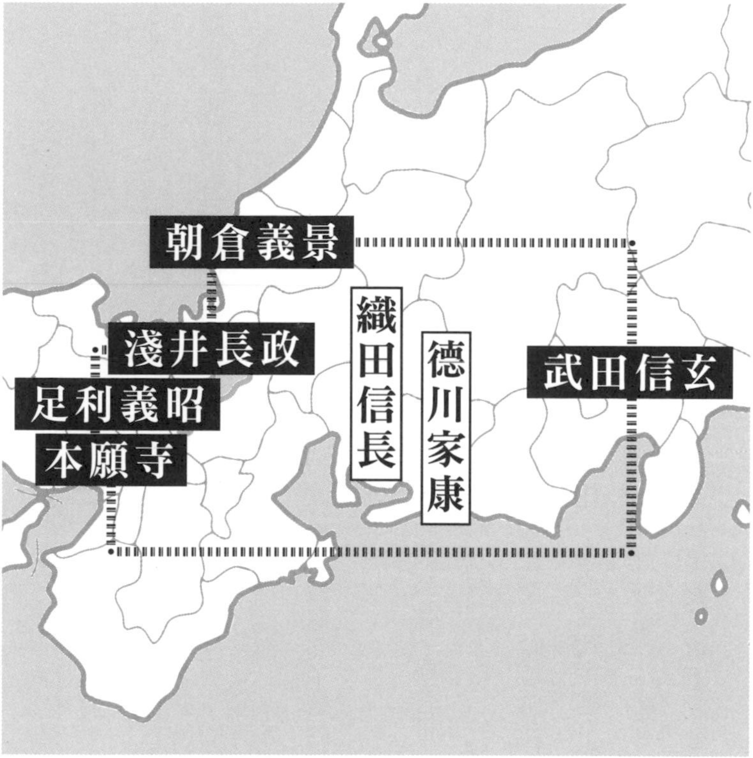

信長包圍網（1570）

力，大家紛紛高喊著「天賜良機」蜂擁而起，包含美濃的齋藤、南近江的六角[6]、被信長逼回四國的三好一族，加上本願寺一向一揆，接連在各地起兵反信長。織田軍疲於應付各地的戰局，將士的傷亡以及物資損耗也給信長帶來沉重的壓力。

織田方的史料《信長公記》記載，信長曾借助天皇以及幕府的力量，與朝倉淺井聯軍訂定停戰協定，而德川方史料《三河物語》記載「信長將治理天下的權柄交由朝倉殿下主持」。沒想到大家印象中的魔王信長，竟然會說這種洩氣話？筆者認為這應該是信長務實主義的表現，所謂君子報仇三年不晚，表現上做個面子給朝倉，實際上爭取時間來培養實力。

隨著武田信玄表態加入包圍網，反信長的聲勢達到最高峰。儘管足利義昭表面上與信長包圍網沒有關係，但信長明白義昭正是包圍網的關鍵人物，於是他在西元一五七二年九月，對義昭下了稱為**《異見十七條》**的最後通牒。信長指責義昭怠慢和朝廷的聯繫，又沒有對訴訟案件善盡司法裁判的責任，還違背約定擅自與諸大名通信。最後一條寫道，足利義昭和第六代執行長義教一樣，都被罵作「惡御所」。信長藉著足利義教被部下暗殺死於非命的典故來警告義昭，如果義昭再不收斂，哪天有生命危險也不足為奇。天啊！這不叫恐嚇什麼叫恐嚇啊。

6 自鎌倉幕府，近江守護就是由佐佐木一族所擔任。後來佐佐木一族分家，宗家的六角家名為近江守護，實際統治範圍在南近江。北近江由同族的分家京極家掌握，後來實權被淺井家篡奪。六角家與淺井家原為敵對關係，在信長包圍網中化敵為友一起對抗信長。

此時朝倉、淺井、本願寺、武田，還有各地反信長勢力，紛紛加入信長包圍網，足利義昭認為信長泥菩薩過江自身難保，因此完全沒把信長的最後通牒放在眼裡。三個月後武田信玄率領大軍西征，在三方原之戰痛宰德川家康與織田援軍。

西元一五七二年，信長的運勢可說是完全跌到谷底。然而，沒想到過了個新年，局勢整個豬羊變色。由於信玄病逝，武田軍從三河撤回甲斐、停止西征，信長包圍網從這一刻開始產生裂痕。西元一五七三年四月，信長率軍將足利義昭逐出京都，八月把矛頭指向近江，接連滅了朝倉與淺井。期間足利義昭曾在七月再次舉兵，結果遭信長徹底擊潰，**室町幕府滅亡**。

「信長你試過將我營救，信長你試過把我批鬥，無法再與你交心聯手，畢竟難得有過最佳損友。」在《最佳損友》這首歌的旋律下，足利義昭離開京都之後，輾轉流亡各地，最後落腳鞆之浦，受到毛利家的庇護。義昭再次運用幕府將軍的名義，穿針引線地聯合各地大名反抗織田信長。雖然史學界公認室町幕府在西元一五七三年滅亡，但從記錄上來看，即使義昭已經離開京都，還是有許多京都的寺廟要求義昭頒發安堵狀，顯示京都的舊勢力仍然信服義昭的威信以及裁決的公信力。一直要等到西元一五八八年，義昭出家並臣服於豐臣秀吉，才正式卸下將軍的大位。

以企業結構的角度來看，此時貫穿本書前半段的核心**室町幕府集團**垮台。執行長足利義昭被織田信長趕出京都，京都總部已經不復存在。而關東事業部的總裁與副總裁，一個被北條家架空、一個被北條家趕出關東。只不過建立一個新的制度，遠比破壞舊的制度來得困難，當「室町幕府集團」這個舊制度瓦解之後，會進入一個怎樣的新時代呢？

關於這一點，織田信長、豐臣秀吉、德川家康，這三位天下人各有各的處理方式。讓我們繼續看下去。

第四章
疑點重重的長篠之戰神話

在信長包圍網的威脅之下，信長採取遠交近攻的方式，交好上杉、毛利等大名來牽制敵人。織田軍雖然連番征戰，打得焦頭爛額，終於逐一撲滅內外接踵而來的挑戰。西元一五七三年改元「天正」，隨著武田信玄病逝、朝倉與淺井滅亡，信長包圍網的支柱只剩下本願寺，第一代信長包圍網宣告瓦解。

原本與信長交好的大名，此時紛紛感受到危機，不願看到織田的勢力繼續逐漸擴大版圖。對信長來說，這些大名終將成為統一天下的障礙，信長與上杉、毛利、武田的戰爭一觸即發。但是大家所熟知的上杉謙信、武田信玄、毛利元就，這些在戰國時代叱吒風雲的英雄人物相繼辭世。不管是小說、戲劇或是遊戲，都鮮少著墨於西元一五七三年改元天正到西元一五八二年本能寺之變，這十年的戰爭與局勢變化。但無論如何省略帶過，西元一五七五年的「長篠之戰」都是一場絕對不會被忽略的戰役。

一般通說，描述織田信長在此役中展現出高人一等的睿智與超群的戰術，甚至有人歌頌信長的鐵砲戰術領先全球，超前歐洲一百年。「講到日本戰國時代的鐵砲戰術，織田信長在長篠之戰採用**馬防柵**，抵擋戰國最強的**武田騎兵隊**突擊，並將三千挺鐵砲分成**三段射擊**，順利擊破**窮兵黷武**的武田勝賴。」相信各位戰國同好，對於上述通說一定不陌生。不過，織田信長真的就是超越當代思維的戰術天才？而武田勝賴就是戰國不成材的敗家子？

是天生阿斗，還是敵方開外掛？武田勝賴的最大敗因

西元一五七五年，信玄的接班人——武田勝賴率兵包圍長篠城。這座城池不僅位處戰略要地，長篠城主更是在信玄病死之後倒戈德川，因此，勝賴打算藉由此戰殺雞儆猴。武田軍將長篠城圍得滴水不露，武田旗下的「金山眾」（詳見武田篇第五章）發揮所長，挖地道攻進長篠城外郭，卻始終攻不進長篠城本丸。此時信長才剛打贏西線的戰局，他立刻帶著士兵從岐阜出發，與德川家康會師前往救援長篠城。

五月十八日，織田與德川聯軍抵達設樂原，在這裡建構了軍事陣地。信長寫給細川藤孝的書信中提到「武田軍在險阻處布陣，吾命士兵以鐵砲拒敵，阻止武田軍進軍。」信長的部下太田牛一所寫的《信長公記》記載，志多羅鄉地勢較低，織田與德

「長篠設樂原之戰」其實是「有海原」？

由於信長在長篠之戰設陣於設樂原，許多人稱此戰役為「**長篠設樂原之戰**」。而「設樂原」這個地名其實來自舊日本軍參謀總部編撰的日本戰史，在戰國時代及江戶時代的史料中，大多記載此地為「有海原」而非設樂原。

川聯軍駐紮於敵軍不易窺探處。除了有名的馬防柵之外，織德聯軍的陣地有人工挖掘的空堀（壕溝），以及類似土牆的切岸等防禦工事。

武田勝賴得知織田、德川聯軍抵達的消息後，立刻召開軍議商討對策。從武田軍的角度來看，織德聯軍明明是來救援長篠城的，卻在附近止步，加上前一年信長放棄救援高天神城，看來織德聯軍這次大概也只是做做樣子，不會積極救援。因此，在眼前長篠城力攻不下的狀況下，勝賴決定留下部分兵力包圍長篠城，由他率領主力攻向織德聯軍。

然而這個**錯誤的決定**，讓武田勝賴重重跌了一跤，也讓他成了戰國時代敗家子的代表人物。

明明織德聯軍的軍力遠超過武田軍，武田勝賴為何還要去和織田信長硬碰硬呢？從勝賴留下的書信看來，勝賴根據前一年高天神城的經驗，認為織德聯軍這次也只是虛張聲勢。另一方面，織德聯軍停下腳步，很有可能是在**等待後援部隊**抵達，也許勝賴是想趁織田後援部隊抵達之前，率先對聯軍發動攻擊。

筆者曾經走訪長篠之戰古戰場，在長篠城與設樂原激戰地之間，有許多高低起伏的小丘，前一刻還在眼前行駛的汽車，在前方拐一個彎之後就不見蹤影，如果是梅雨時節更是視線不良。這一帶很有可能就是織田信長書信中所提到「以鐵砲拒敵，阻止武田軍進軍」的最前線。而《信長公記》則提到，聯軍在不易窺探之處駐軍並建築了防禦工事。我認為，勝賴可能犯了情報不足的大忌，錯把大軍帶來硬碰硬，更糟的是，武田軍**以野戰的方式來打攻城戰**。

五月二十一日清晨，武田軍推進到設樂原。武田軍駐軍在設樂原東側的台地，織德聯軍則駐紮在設樂原西側的丘陵地上，兩軍的最前線間隔不到五百公尺寬，連日梅雨過後，兩軍中間是一片泥濘的田地，還有一條名為連吾川的河川。而織德聯軍的北側有山地、南側有河川，武田軍無法繞道背刺織田信長，只能正面攻打織德聯軍。

根據《信長公記》記載，兩軍在日出之後，曾有幾次試探性的交鋒。但在早上十一點，織德聯軍的別働隊繞道擊敗鳶巢山的武田軍，化解了長篠城的危機。此時對於武田軍來說，眼前不僅有為數眾多的敵人以及完備的防禦工事，更糟糕的是，織德聯軍的別働隊及長篠城守軍隨時可能從後方包夾而來。武田軍只剩下北方的小路可以撤退。

當下武田軍只剩下兩個選擇，一是沿著小路立刻撤退，但險阻狹窄的小路難以讓大軍通行，武田軍勢必會受到織德聯軍的追擊；另一個選擇是正面攻打織德聯軍，看能不能一舉翻盤取得勝利。既然已經勝賴已經上了牌桌，只能學習《噼咕噼咕新年財》的精神，越爛的牌越是要用心打。

事已至此，不如置之死地而後生——勝賴選擇第二條路，在早上十一點左右，正式對聯軍發動攻勢。《信長公記》中記載，武田軍展開五次的波狀攻擊。首先由山縣昌景隊一邊敲打著戰鼓一邊發動攻勢，但山縣昌景的攻擊被聯軍的鐵砲逼回；緊接著是武田逍遙軒的第二波攻擊，每當武田軍攻來，聯軍就躲在馬防柵以及防禦工事以鐵砲及弓箭回擊，一旦武田軍打算後退重整，聯軍就發兵騷擾追擊。織田軍簡直是在玩塔防遊戲。

第三波攻勢是擅長馬術的西上野小幡黨，身披紅色鎧甲進攻，織田軍躲在防禦工事後方迎擊；第四波攻勢是身披黑色鎧甲的武田信豐的軍隊，織田軍仍然堅守在防禦工事內，信長命人堅守陣線，同時繼續派遣鐵砲兵支援前線；第五波攻勢是由馬場美濃守領軍，同樣被織田軍擊退。下午三點左右，武田軍開始撤退。織德聯軍立刻展開追擊。武田軍的戰死者、躲進山中餓死者、落水溺死者不計其數，武田四名臣的山縣昌景、內藤昌秀、馬場信春為首的高階、中階將領皆在此戰陣亡，對武田軍來說更是一大打擊。

如果從《信長公記》以及信長的書信來看，內容只記載信長召集各部隊裡的鐵砲兵，並交由前田利家等五名奉行指揮，數量大概有千挺左右，並未記錄確定的數量。而通說所提到的**三千鐵砲兵**發動三段射擊的情節，來自近乎小說的《甫庵信長記》，不宜囫圇吞棗地輕信。德川家康的家臣大久保忠教，就曾寫過一句話來酸《甫庵信長記》：「（甫庵信長記）三分之一的內容是事實，三分之一是引用類似的案例，剩下三分之一的內容則毫無根據。」

信長的無敵鐵砲隊——驗證三段射擊

關於**三段射擊**，通說描述三千鐵砲兵分成前中後三排輪流發射，前排的士兵射擊之後往後退，由後排的鐵砲兵向前替補，看起來似乎很合理，其實這簡直就是不可能的任務。戰國時代的鐵砲屬前膛槍，要從槍口填塞火藥以及子彈，依照槍枝性能、士兵的技術及經驗，每把槍枝所需的裝填時間都不一樣，因此想讓一千挺鐵砲裝填好彈藥一起發射，有技術上的困難。筆者實際走訪長篠之戰古戰場考察，發現馬防柵後的空間狹窄，前排鐵砲兵發射之後走位到後方裝填彈藥，士兵們勢必會互相妨礙，無法順利執行戰術。

根據日本各地鐵砲保存會的實際測試，火繩槍從裝填火藥與子彈，到實際發動射擊需要三十秒的時間。就算使用「早合」（將火藥與子彈封裝，一次裝填的做法），也只能節省十秒鐘左右的時間。而且連續發射之後，槍管內部會累積火藥殘渣，需要清理槍管以防膛炸。因此在《信長公記》中記載，面對武田軍一波接著一波的攻勢，織田軍不斷調派鐵砲兵到前線支援。

一九九〇年代，名和弓雄等學者及鐵砲保存會藉著實測結果，推翻了三千鐵砲兵分成前中後三排的三段射擊的通說。目前檯面上常提到的**新版三段射擊**，改變成一人負責裝填彈藥、一人負責射擊、一人協助傳遞槍枝並協助作業的說法。如此一來，鐵砲射擊的間隔時間能夠從三十秒縮短為二十秒。只要鐵砲兵小組的數量夠多，並且不拘泥於通說的一齊發射，讓每個小組準備好就自行決定開槍時機，就有可能建構連綿不絕的火網。

除此之外，鐵砲數量也是學界常爭論的議題。《信長公記》的幾個原始版本中，近衛家陽明文庫所藏的太田牛一手寫版本，僅記載千餘挺鐵砲，建勳神社所藏的太田牛一手寫版本，也是寫千餘挺鐵砲，但後人在旁邊補上了「三」字，變成了三千挺鐵砲。日本學者藤本正行指出，根據細川家的書信記載，信長在長篠之戰前曾向細川家借調一百鐵砲兵，《多聞院日記》則提到筒井家派出五十鐵砲兵增援。因此藤本正行認為，織田的鐵砲兵包含了信長的直屬部隊以及借調而來的士兵，實際的數量恐怕連信長本人都不清楚，因此《信長公記》的原始版本才會寫千餘挺鐵砲。

而通說的另一個重點是**武田騎馬隊**。戰國時代的騎馬武士，大多是指揮階級，而非近代的純騎兵部隊。如果把騎馬武士都湊成一隊，這些騎馬武士的郎黨勢必要跟在旁邊跑，到頭來又淪為騎馬武士與步兵的混合部隊。

此外，戰國時代的日本馬體型較小，比起奔馳更善於負重及登山，因此戰國時代的馬匹，主要用在移動、追擊戰、撤退等情況。傳教士佛洛伊斯留下的紀錄提到「日本的騎兵戰法與我國不同，日本是下馬之後徒步作戰」。當然在戰國時代也留下一些馬戰的紀錄，大多是單騎或是數騎的騎馬武士帶著部下展開小規模衝鋒。歸納以上的資料，筆者認為長篠之戰，並非我們想像的騎兵軍團大規模突擊。

這麼說來，要是通說的「三千鐵砲隊編制為前中後三排，以三段射擊殲滅武田騎馬隊」並非事實，那麼織德聯軍是怎樣打贏這場戰爭的呢？個人認為，《甲陽軍鑑》所描述的「**這場戰役宛如攻城戰**」也許就是解答。織田軍佔據了地利，並且快速建構強大的防禦工事，織德聯軍的陣營就像是沿著斜坡建構而成的野戰城寨，前有河川和深田阻礙武田軍的攻擊，三道馬防柵之間又有壕溝、切岸等防禦構造保護弓箭兵與鐵砲兵。鐵砲兵們也許採用了新版本的三人一組射擊，減少每一次射擊的間隔時間，用強大的軍備力以及地利獲得勝利。這一切都奠基於織田信長強大的經濟力，以及掌握商業流通的貿易港口的功勞。

那麼武田軍是輸在哪裡呢？筆者認為是**諜報失誤**影響了決策，無論梅雨、地形，或是織田派出鐵砲兵守住通道，阻礙了武田軍的情報偵查，當武田軍明知軍力遠低於敵軍之時，就不應該貿然移動主力挑起決戰。難怪太田牛一在《信長公記》記載「敵軍（武田）揮軍前來，真是天賜良機」。

武田軍推進到設樂原，才發現自己對上的是防禦工事完備並擁有強大火力的敵軍，後方又傳來織德聯軍的別働隊攻下鳶巢山的情報，此時的武田軍宛如甕中鱉。對勝賴以及武田軍的將領來說，大概覺得事已至此，唯一的方法就是放手一搏吧。可惜武田軍已經失去天時與地利，最終輸了這場戰爭。長篠之戰後，勝賴實行了許多救亡圖存的政策，但苦撐七年之後，還是輸給了名為織田信長的時代洪流。

第五章 從天守閣跌落的神明

戰國時代的三英傑之首織田信長，從一介會計課長（**尾張國守護代家老**）崛起，帶領部下旋風般地橫掃日本。究竟織田信長強悍的原因是什麼？筆者認為，信長在幾個作法上面得到很大的成功。

重商主義者，有錢自然好辦事

信長的父親織田信秀利用津島的物流以及貿易來擴張勢力，對信長造成耳濡目染的影響。相較於戰國時代其他重視土地政策的大名，信長是標準的**重商主義**者，織田家的內政著重在建設商業重鎮，強化物資流通以及情報傳遞。這樣的作法讓信長快速擴張勢力。

舉例來說，信長擁護足利義昭上後，將草津、大津、堺納入直轄領地。草津與大津是琵琶湖水運的樞紐，堺則是連接瀨戶內海的重要商港，可以有效調度**鐵砲及火**

濃藥。而陸運方面則撤除勢力範圍內的關所，活絡陸運經濟的發展。同時為了振興美濃攻略戰後的經濟發展，信長對加納市頒發了**《樂市樂座令》**，條文只有短短三條。第一條，居住在加納市的商人可以在織田信長的領地內自由通行，並且免除房屋及土地的稅金；第二條，在加納市境內，任何人都可以自由進行交易，否定商人公會（**座**）的特權；第三條宣示維持市集的治安。

上述的掌握水運航線、陸運撤除關所和在商業重點城市頒布《樂市樂座令》，這三點若以現代的方式來比喻，或可稱作信長經濟學的三支箭。

但是有一個盲點必須要釐清，《樂市樂座令》是限定於某些城市的**特殊法令**，並不是信長分國境內一律通用。《樂市樂座令》就好比現代政府在新開發的商業園區中，提供減稅、電價折扣等優惠政策招商。而在戰國時代，商人公會的力量並不亞於武士，要用高壓方式要求公會釋出專賣權，只會引起商人們的反彈。舉例來說，信長平定越前之後，保障了絹織業商人公會的專賣權，在近江國也保障建部油座的油品專賣權。

信長的重商主義思想，最後在安土城集大成。信長頒布的《安土城下町十三條掟書》中，第一條就開宗明義地揭示樂市令，還加碼保證免除普請役、傳馬役等許多繁雜的勞役政策，目的就是要讓吸引商人、職人進駐到安土城下町，讓安土城為陸運及水運的動脈樞紐。大概就是所謂的商人進得來，貨物出得去，安土發大財。

機動的直屬部隊與「兵農分離」

在軍事方面，信長擁有一支強而有力的**直屬部隊**，由小姓與馬迴眾構成，後來追加了母衣眾、弓眾。小姓是跟隨在信長身邊，負責服侍信長的一群人；馬迴眾是戰時跟隨在信長身邊的親衛隊，信長另外又從馬迴眾中篩選出黑母衣眾、赤母衣眾，視他們為今後的種子將領。以前田利家為例，他是荒子城主的四男，最初以小姓的身分服侍信長，隨後晉升為馬迴眾、赤母衣眾。信長平定越前一向一揆之後，將府中的部分領地封給利家，讓他以與力的身分協助柴田勝家。無論是桶狹間之戰、或是信長擁立義昭上洛、一直到攻打越前朝倉，信長總是親自率領親信的馬迴眾，以迅雷不及掩耳的速度發動攻擊，當機立斷是信長在軍事上的強項。但在本能寺之變時，信長身邊也只帶著這些親衛隊，自然不足以抵擋明智光秀的大軍。這算是信長過於重視小姓、馬迴眾所帶來的缺點吧。

而提到信長的軍制，最有名的就是**兵農分離**。通說認為信長讓軍隊集中住在城下町，隨時都能準備上場作戰，有別於其他兵農合一的大名，信長麾下的軍隊在農忙時期也能夠作戰。但其實這個說法存在很大的問題。

戰國時代的武士通常居住於領地內，當大名動員出兵時才召集旗下的士兵參戰。武士與土地之間的聯繫很強，日文中所謂的「一所懸命」（意指努力不懈），語源正來自於武士全力護衛自己的領土。若是施行兵農分離，勢必要切斷武士與土地之間的聯繫，最終的結果就是讓武士變成領薪水的職業軍人。

以下就先從信長最信任的直屬部隊，來檢驗信長的「兵農分離」制度。如同前文所提，重視直屬部隊的信長，命令旗下的馬迴眾與弓眾，必須攜家帶眷居住在城下町，隨時聽候軍令出戰。但在《信長公記》中即反映出號令未能貫徹的問題。西元一五七八年正月二十九日，信長麾下的弓眾福田與一，他在安土城下町的住所發生火災。福田理應帶著家眷住在安土城下町，他卻違反命令將家眷留在故鄉。火災發生之後，信長命菅屋長賴清查，發現弓眾六十人、馬迴眾六十人，共計一百二十人違反命令。信長命信忠將這些人在尾張的老家放火燒掉，強制命令他們的家眷移住到安土城，並且罰他們興建道路。

那麼織田其他家臣的情況又如何呢？安土城遺跡中，雖有羽柴秀吉等一級重臣的宅邸，但本能寺之變時，秀吉之妻卻身在長濱城而非安土城。

因此筆者認為，信長要求直屬部隊帶著家眷住在城下町，只能勉強說是**兵農分離的先驅**。況且如果真的要貫徹兵農分離，必須要有檢地及戶籍制度作為配套，因此最快要等到豐臣政權的太閤檢地才逐漸落實。

一步步走上神壇，信長真的準備好了嗎？

言歸正傳，信長正式把**織田家督**之位傳給了長子織田信忠，將尾張、美濃交給信忠治理。從這個時間點開始，織田信長已經超越「織田」家督的身分，一步一步往日本國中**最高支配者**的神壇邁進。

根據耶穌會傳教士佛洛伊斯的紀錄，信長在安土城興建總見寺，向世人宣示信長就是新世界的神，鼓勵百姓在其生日前去總見寺參拜。信奉信長者可以得到富者益富、窮者脫貧、多子長壽的功德，搞不好去總見寺參拜的人，口中還要大喊「感恩信長、讚嘆信長」呢。

信長除了把自己當作是神之外，還有一件事情讓朝廷非常在意。那就是在信長摧毀室町幕府這個舊制度之後，他**打算建立怎樣的新制度**？信長既不是貴族的文官體制，也不願意依照前例開幕府，成為朝廷冊封的武家棟樑。一個無官一身輕卻又權傾天下的軍事強人，他不按牌理出牌的作風，不禁讓朝廷感到困惑與害怕。

以企業的觀點來看，信長推翻了「室町幕府集團」這家百年老店。日本全國的店家，有些被舊體制的區經理所統合（由守護轉型而成的**守護大名**，如甲斐武田）、有些被地方上的有力加盟店長統合（守護代、國人轉型而成的**戰國大名**，如北條、毛利、真田）。信長挾著強大的武力詢問他們是否願意乖乖加盟織田，成為順我者昌逆我者亡的獨裁。如此看來，與原本「室町幕府集團」的執行長（**幕府將軍**）好像沒有差別，但是信長和名譽董事長（**天皇**）數次意見相左，對旗下加盟店的獎懲也沒有固定標準，一切都是依靠信長的好惡來行事，這不僅讓名譽董事長不安，就連日本全國的加盟店主也不知所措。

筆者認為，信長打破舊制度，卻又沒有（或是來不及）提出一套足以統領全國的新制度，這一點是織田信長的罩門。

推翻幕府、屢屢挑戰朝廷體制的風雲兒

信長在西元一五六八年擁立義昭上洛，拒絕擔任管領、副將軍，表示不願意納入幕府體系。日後信長更毫不掩飾地退回朝廷的冊封，一五七七年信長才剛接受朝廷的敕令，官拜右大臣，卻維持不到半年就辭退了。

西元一五八一年二月，信長在皇居東門舉辦了盛大的閱兵典禮，幾天後朝廷派遣敕使，要求信長接任左大臣，信長反倒藉機提出請求，希望正親町天皇退位給誠仁親王。除此之外，信長屢次建議朝廷更改曆法。因此有一種說法，認為信長是藉由改曆問題，挑戰朝廷與天皇的權威。

西元一五八二年四月，朝廷派敕使前往安土城拜訪信長，信長命森蘭丸接見敕使。朝廷希望信長接受「**太政大臣、關白、將軍**[7]」其中一個職位，但是信長依舊沒有表明態度，此事件稱為「**三職推任**」。由於隔一個月後就發生了本能寺之變，究竟是朝廷壓低姿態希望信長接受朝廷冊封，還是信長主動求官來讓朝廷安心，抑或是公卿貴族與京都所司代在一旁撮合敲側鼓，目前歷史研究者對此議題尚無定論，此案也成為本能寺之變「**朝廷黑幕說**」常引用的論點。

7 太政大臣為律令制的最高官位，相當於宰相，平清盛曾擔任此官職；關白則是獨立於律令制度之外，公卿貴族的最高地位兼輔佐天皇之人；將軍則是征夷大將軍，武家政權的頂點。三者都是當時朝廷能夠賜予的最高職位。

未達業績就被開除，這公司不好待呀

從軍事戰略來看，信長以安土城為根據地，設立了許多獨立**軍團**來攻略外敵。分工如下：佐久間信盛負責攻打本願寺；柴田勝家負責攻略北陸地區；羽柴秀吉負責山陽地區（隨後改制為中國地區軍團）；明智光秀負責山陰地區（後來改制為近畿地區軍團）；瀧川一益負責關東地區。信長將該地區的軍事司令權交給這些軍團司令官，派遣與力給予協助並監視司令官。各軍團長要靠自己的才能以及軍略，攻打信長所指定的敵人。

信長高壓地駕馭著家臣，逼迫他們一定得達到績效不可，這樣的人事管理固然收到效果，讓每個軍團長、部將朝著目標死命邁進。但是在這十年間，信長多次殘忍地對敵城趕盡殺絕，甚至在伊勢長島一向一揆討伐戰中，假意接受一揆軍投降，趁一揆軍搭船撤退時毫不留情地開槍射殺。並命人將另外兩城重重包圍之後放火燒城，據傳燒死了兩萬多人。

不僅是百姓，信長對自己的親戚也毫不留情。信長的姑姑因政治婚姻嫁到東美濃岩村城，並收了信長的五男當養子，但是當岩村城遭武田軍包圍時，信長卻選擇見死不救。日後信長命令兒子信忠攻打岩村城，甚至將當時投降武田軍的姑姑當作叛徒公開處刑。信長冷酷的個性種下了家臣謀反的火種。

在信長的**高壓統御**以及強大的**精神壓力**下，配屬於本願寺包圍戰的荒木村重決定叛變，即使戰況變得對織田方有利，荒木村重也不願意投降重回信長麾下，最後棄城逃亡。《信長公記》記載，信長命人將荒木村重居城中的侍女及人質一百二十餘人，綁在刑架上用長槍、鐵砲殺害，即使抱著嬰兒的女子也不放過。就算過了二、三十天，目擊者仍忘不了那些犧牲者臉上驚恐的表情。更可怕的是，信長命人將荒木黨的下級武士與妻小五百多人，趕進民宅中放火活活燒死，濃煙跟哀叫聲衝上天際，宛如地獄般的慘狀，讓圍觀者都不敢再多看一眼。

除了背叛者之外，信長開始清算績效不良的家臣。本願寺包圍戰結束之後，信長指責軍團長佐久間信盛父子作戰不力，下令放逐佐久間父子。隨後信長翻出二十四年前的舊帳，流放了當年繼承權之戰中支持信長之弟的織田家老。除此之外，還有幾位美濃國與尾張國的城主遭到放逐。這些案例都不斷地對旗下的軍團長與將領們造成精神壓力。

軍團長原本都是織田家中有頭有臉的人物擔任，但在信長即將統一天下之前，人事安排卻悄悄產生變化。信長命長男信忠為總大將殲滅武田，二男信雄擔任主帥攻打伊賀，三男信孝擔任總大將攻打四國。信長遴選軍團長的標準，從原本的**能力至上主義**，轉變成為**一門眾優先**。對於一直被要求績效的織田軍團長來說，是否會開始擔心「鳥盡弓藏」呢？也許就是因為這些原因，發生了驚天動地的「**本能寺之變**」。

魔王織田信長的終章——本能寺之變

西元一五八二年五月二十九日，信長率領百餘名小姓與近侍進入京都本能寺。此地雖然是寺廟，但在東邊有著寬約六公尺、深約一公尺的壕溝以及土壘等防禦工事。基於昔日曾有三好三人眾攻打本圀寺、襲擊義昭的前車之鑑，信長不會輕易住宿在毫無防備之處。而本能寺之變發生的前一晚，也就是六月一日，信長在本能寺舉辦盛大的茶會，信長的嫡子織田信忠則住在京都的妙覺寺。

明智光秀以信長要求檢閱軍隊為由，六月一日晚間帶著一萬三千大軍，從龜山城出發前往京都，在當晚向旗下重臣表明謀反的決心。軍隊越過桂川之後，光秀命令士兵保持備戰狀態，將本能寺團團包圍並於六點左右發動攻勢。

根據《信長公記》記載，信長聽到外頭傳來喧鬧聲，原本以為隨從之間的爭執。直到聽到士兵喊叫聲、鐵砲聲才知遭襲。森蘭丸稟告是光秀謀反，信長聽聞後說了一句「是非に及ばず」。而這句話可以有好幾種解釋法，可以是「無可奈何」，也可以解釋為「事已至此無須論斷對錯，先殺出條生路再說」。

信長持弓射殺數人之後，天運不濟，弓弦應聲斷裂。信長再持長槍迎戰，戰到手肘受傷。此時本能寺已經陷入一陣火海，信長命侍女逃命後，獨自進入寺院深處切腹自盡。

信長的嫡子信忠得知此事，從妙覺寺移動到適合防守的二條御所。因為皇族住在二條御所中，信忠命人先讓親王避禍，光秀也等親王一一乘轎離開後，才對二條御所發動攻擊。信忠率領五百士兵奮戰，終究寡不敵眾，退入御殿死守。光秀遂命人進入二條城旁的近衛前久宅邸，從屋頂上用弓箭與鐵砲攻擊信忠的軍隊，終於在兩小時後攻破二條御所。信忠最後命士兵放火，跟隨父親的腳步自盡身亡。而光秀雖然獲得勝利，卻始終遍尋不著信長與信忠的屍首。

一代英雄人物織田信長，在四十九歲那一年結束了精彩的人生。本能寺之變的原因眾說紛紜，有一說認為光秀在款待家康時遭到信長的責打，或是信長打算剝奪光秀領地，甚至還有後世杜撰的版本，說是因為信長對光秀老母見死不救，這些說法總和而成「**光秀怨恨說**」；此外還有光秀其實打算奪取天下的「**光秀野望說**」；十餘年來亦層出不窮的各種**黑幕說**，例如朝廷指使光秀，足利義昭暗中說服光秀，或是奪得天下的秀吉才是背後的黑手等各種推論，讓本能寺之變成為了日本戰國史的最大謎團。關於本能寺之變的研究以及各種黑幕說的解析，在此推薦讀者參考胡煒權博士所撰寫的《明智光秀與本能寺之變》（遠足文化出版）。

至於筆者如何看待本能寺之變呢？在此試著用本書提出的企業組織來解釋。明智光秀、柴田勝家、羽柴秀吉，無論這些軍團長是為了個人利益，還是單純崇拜信長的理想或魅力，而選擇在信長旗下奮鬥。他們的主子織田信長，就像是一個嚴格要求績效的管理者，過去軍團長只要努力建立功績就能得到獎賞，然而如今距離統一天下僅剩一步之遙，此後他們該如何拚業績呢？就算只想要維持家業，讓子孫代代繼承領地安穩過日，眼前又有佐久間軍團長被流放的前例，讓人無法放心。原本講求能力主義至上，在最後似乎又變成織田一族為主的家天下，所謂兔死狗烹，未來信長底下還有軍團長的容身之處嗎？

這些內心的矛盾，說不定就是壓倒光秀的最後一根稻草吧。

豐臣篇

貧寒出身的秀吉，從一個便利商店值大夜班的打工仔開始發跡，他以靈活的思考能力以及過人的行動力，得到主君的賞識，成為近江地區旗艦店的店長。人人都說他像太陽一樣溫暖，又有誰知道太陽背後藏著多少不為人知的陰暗。

當主君從戰國的頂端墜落之後，秀吉心中那股渴望成功的心情，將他推上了金字塔的頂端，卻也成了他的心魔。秀吉的天下就像是建立在沙灘上的高塔，是否能夠抵擋名為時代的浪潮？

羽柴家系略圖

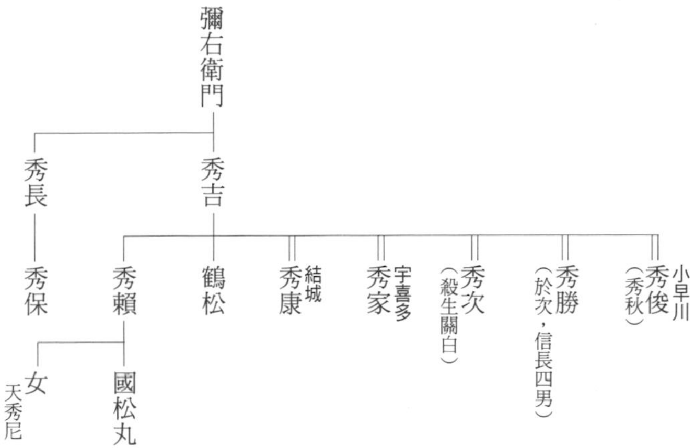

＝ 表示為養子

第一章

戰國最強店員秀吉

本篇的主角豐臣秀吉是一個充滿傳奇色彩的人物。本書所提到的六位戰國豪傑，武田信玄是甲斐守護出身，可理解為統括山梨縣的區經理；上杉謙信是守護代出身，成為關東管領養子並且接班，可比擬為代理區經理晉升成為關東副總裁；北條早雲是出身幕府的官僚，可喻為京都總部的公關主任；織田信長是守護代的家老，好比代理區經理底下的會計課長；下一篇的主角德川家康是國人出身，相當於三河區境內，擁有好幾家加盟店的地方勢力。以上五位英雄人物，雖然家格各有高低，但都出身於權勢之家。唯有秀吉是**百姓**出身，即使他曾經試圖竄改家系來自抬身分，也無法掩蓋他出身貧寒的事實。

秀吉在西元一五三七年，出生於尾張國愛知郡中村境內的百姓之家。戰國時代的百姓有階級之分，上層是半農半兵的土豪，或是負責該村稅收的村落代表，其次是擁有零星土地的農民，再來是沒有自己土地的佃農。關於秀吉前半段生涯的記錄，幾乎都是可信度不高的鄉野傳奇或後世編撰的資料，目前仍無法判斷秀吉的生家屬於哪一百姓階級。

而秀吉的生涯，可說是小人物奮鬥史的巔峰之作。相傳秀吉與養父不合，離開農村之後四處漂泊，他先在今川旗下工作，受到排擠而被逼退。隨後成為信長的雜役，逐漸累積功績一步一步向上爬。例如他把信長的草鞋抱在懷裡，讓信長在寒冬也不會穿到冷吱吱的草鞋；或是他管理廚房的柴薪，為織田家節能減碳縮減燃料費；還有他在美濃攻略戰時，一夜之間在敵國境內建造城寨。

如果要用企業組織來比擬的話，秀吉就像是信長經營的直營店大夜班店員，因為補貨迅速、店鋪打掃乾淨，擅長做活動、發傳單拉客，受到信長的賞賜而步步高升。

秀吉靠著努力以及一身才幹，一步步登上出人頭地的舞台。從一個沒有姓氏的百姓開始，一度獲准使用「**木下**」姓，隨後秀吉在信長包圍網的時代，借織田旗下重臣柴田勝家、丹羽長秀的名字，改姓為「**羽柴**」。在淺井滅亡之後，秀吉接管了原本屬於淺井家的領地，修築長濱城作為居城。一個小小的大夜班店員，願肝腦塗地為織田信長效忠，最後終於晉升為近江地區的旗艦店店長。

就像選舉期間最常放的歌曲一樣，「三分天註定，七分靠打拚，愛拚才會贏」秀吉這樣一介小人物能成為店長，已經是一件很了不起的事情了，沒想到他還能更上一層樓。

羽柴秀吉身為近江區旗艦店的店長，肩負了培訓人才的重大任務。除了秀吉的子姪輩成員，加藤清正、福島正則之外，秀吉也在近江區招攬了優秀的會計人才**石田三成**。日後秀吉奉命攻打山陽地區，再將黑田官兵衛納入麾下。在本能寺之變前，秀吉一躍成為織田旗下的軍團長，與昔日借姓的柴田勝家、丹羽長秀平起平坐。

本能寺之變前後各地情勢

在此先來檢視一下，同時期織田旗下各軍團長的動態。柴田勝家負責北陸戰區，雖然他在手取川之戰敗給上杉謙信，但在謙信猝逝後，上杉家因發生繼承人之戰「御館之亂」而衰退。柴田勝家鎮壓一向一揆，率領軍隊打到越中，眼看就可以對上杉家發動致命一擊，京都卻發生了本能寺之變，由於北陸地形狹長，加上當地民風剽悍，戰況隨時可能生變，柴田勝家只能小心謹慎地退兵，無法及時舉兵為信長報仇。

本能寺之變發生時，瀧川一益才接掌關東戰區不到半年。北條家得知本能寺之變後，立刻和瀧川一益翻臉，加上織田軍在半年前攻滅武田家時，對甲斐以及信濃採取高壓統治，導致本能寺之變後甲斐與信濃大亂，瀧川一益不僅眼前有北條這個強敵，就連退路也是困難重重，他費盡千辛萬苦才逃回領地。

另一方面，丹羽長秀與織田信孝在堺港準備渡海攻打四國。本能寺之變的消息傳來之後，織田信孝與丹羽長秀當機立斷地回到大坂，誅殺同為友軍的明智光秀女婿津田信澄，防止他與光秀勾結。織田信孝身為信長之子，加上地理位置離京都最近，本來可以搶奪先機討伐明智光秀，但是本能寺之變後謠言滿天飛，軍

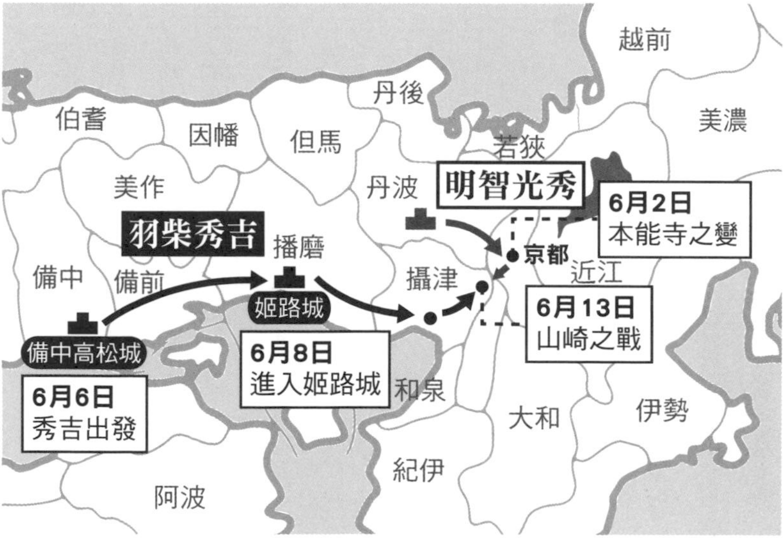

本能寺之變&山崎之戰（1582）

心大亂、逃兵不斷，讓信孝錯失了討伐光秀的大好機會。

至於本篇的主角秀吉，此時負責攻略中國戰區，與毛利家對抗，他曾兩度使用斷糧戰術攻陷三木城與鳥取城，積極拉攏宇喜多為首的當地勢力。發生本能寺之變的一個月前，秀吉在雨季前於敵城周圍築堤，趁著雨季**水淹高松城**，建請信長親自來前線督軍，收割戰果。

西元一五八二年六月二日清晨發生本能寺之變，秀吉在三日傍晚接獲信長死於本能寺之變的快報，得知主公信長的死訊，讓秀吉一度情緒失控，哭得不能自已。不過，秀吉的參謀長黑田官兵衛悄聲提醒：「這正是您取得天下的大好時機，秀吉大人，趁現在！」一語驚醒了夢中人。

為信長報仇，一戰立功的山崎之戰

秀吉隱瞞信長的死訊，快速地與毛利家議和，六日從高松撤軍，率領大軍返回姬路城整頓軍備，十二日進入河內國，在短時間內從自中國地方急行返回京畿，也就是著名的「中國大返還」。翌日丹羽長秀、織田信孝率軍前來與秀吉會合，當天晚上與光秀軍展開**山崎之戰**。

反觀明智光秀，他在這十天內做了什麼呢？光秀在六月二日清晨，襲擊了信長和其子信忠，隨後率軍佔領信長的政治核心安土城，廣發書信拉攏鄰近諸國的領主，試圖穩住近江國的局勢。光秀此時可說是分秒必爭，他只要趁著信長與接班人橫死的混亂期，說服各地領主加盟旗下，就能像滾雪球一般快速地擴大勢力。六月九日光秀入京，透過公卿向朝廷以及具有影響力的名剎獻金，尋求京都保守勢力的支持。戰略方面，光秀計畫分兵守住近江國北部，拉攏丹波的親家公細川藤孝來牽制柴田勝家，另一方面要控制京畿南部的攝津國、河內國、和泉國，光秀聯絡了素來交好的筒井順慶以及紀伊的雜賀眾，藉由掐住陸運與海運的樞紐，將秀吉擋在門外。

但是人算不如天算，光秀的親家公**細川藤孝**不願意加盟光秀，讓光秀的軍事操盤失去彈性。更糟糕的是，遠在備中的秀吉竟然神速般地返回姬路。除了秀吉的外交手段高明之外，秀吉原本為了迎接信長前來督軍，已事先整備的道路以及物資，成為秀吉軍隊神速折返的成功要素之一。

眼見秀吉率領軍隊從西邊攻來，附近還有織田信孝以及丹羽長秀的軍隊，光秀親自率領軍隊前往山城國與河內國交界處的洞嶺，催促筒井順慶派兵援助，筒井順慶卻消極地做壁上觀。秀吉加上織田信孝、丹羽長秀等部隊，總軍力約有四萬，高於光秀的一萬六千軍力。比起分散軍力被個別擊破，光秀決定集中軍力在山谷隘口外側迎擊秀吉軍。

山崎之戰決戰地在現在京都市西南方，賞櫻名所背割堤附近。山崎町的地形狹長，東邊是天王山，西邊則是淀川，西南方還有一座稱為男山的山丘。秀吉的軍隊要攻打光秀，必須通過天王山與淀川中間的山崎町，這座狹窄的谷地將迫使軍隊拉成長蛇，因此軍力較

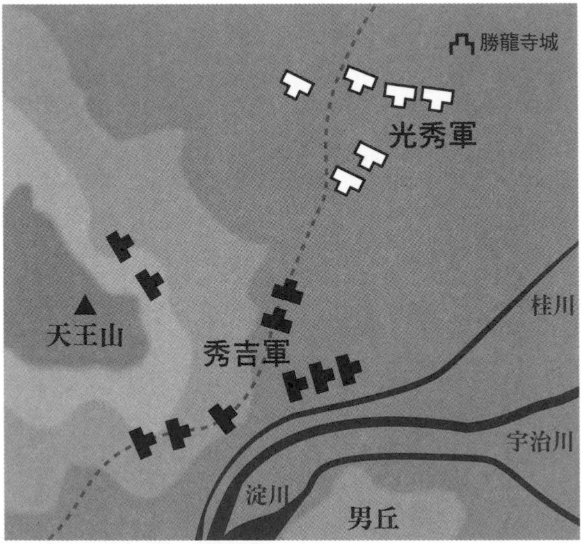

山崎之戰（1582）

少的光秀選擇在谷地北側的出口駐軍。

戰爭於下午四點左右開打，一開始光秀軍利用地形優勢逼退秀吉軍的前鋒，秀吉軍的主力則被困在山谷中，無法救援前線。但是光秀軍在收網包圍敵軍時，秀吉軍的第二波攻勢穿過山谷，沿著河岸攻打光秀軍左翼軍隊。雖然光秀本陣的馬迴眾沒有受到損傷，但是前線戰局陷入混亂，兵力差距的影響也會越來越大，光秀決定率軍撤退。這場山崎之戰由秀吉拿下勝利。

雖然此戰的重點並非天王山，而是光秀軍左翼潰散導致陣勢大亂。但一般的通說都將秀吉戰勝的關鍵，歸功於佔領天王山。因此棒球術語也引用這個典故，稱重要的比賽為「天王山之戰」。

光秀趁日暮時退回後方的勝龍寺城，決定漏夜返回根據地坂本城，可惜光秀逃亡至小栗栖附近時，遭到當地的農兵襲擊而死。織田信長與明智光秀在短短半個月之內相繼離世。

秀吉討伐了弒主的光秀，取得了為主報仇的美名，浩浩蕩蕩地途經已經化為灰燼的安土城，最後風光地回到尾張。

第二章 戰國第一腳勤部隊

織田信長以及接班人織田信忠，兩人皆在本能寺之變中戰死。織田家陷入無主的混亂狀態。可能是有鑑於此，現在日本的大企業出訪時，公司高層通常都會分坐不同班機出國。

信長死後重新洗牌的清洲會議

六月二十七日，織田家的四名重臣**柴田勝家**、**羽柴秀吉**、**丹羽長秀**、**池田恆興**四人在清洲城召開會議，商討織田家的未來，史稱清洲會議（又稱清須會議）。

信長的二男信雄、三男信孝，基於利益迴避原則，而未能列席參加會議。至於參加會議的四大重臣中，秀吉擊敗明智光秀取得發言的優勢，而丹羽長秀與池田恆興在山崎之戰時聽從秀吉的指揮。柴田勝家雖然是織田家的筆頭重臣，在三對一的局面之下受到牽制。經過四重臣商討一天之後，決定由信長的嫡孫三法師（日後的織田秀信）接任家督，而三法師的兩個叔叔信雄、信孝則以後見人（監護人）的身分輔佐年僅三歲的三法師，兩人分別得到尾張、美濃作為新領地；柴田勝家統領越前國及近江國北部，將秀吉的根據地長濱城收歸己有；羽柴秀吉拿到山城國、河內國、丹波國，將京都納入勢力範圍之內。

各位讀者可能會有疑問，為什麼三法師繼承了織田家業，卻無法將織田信長在世時的領土全部承接下來呢？筆者認為，我們首先應該跳脫帝國為主的思考方式，日本戰國時代和同時代的明帝國的政治體系不同。信長在本能寺之變前，其實已經將織田家的**家督**之位讓給兒子信忠，所以信長是超脫出織田家這個框架，實質上成為取代室町幕府將軍的獨裁者。

當時信忠統領著美濃國東部以及尾張國，以血緣來說，有可能成為信長獨裁寶座的接班人。筆者大膽地猜想，在本能寺之變前，織田信忠理論上與柴田勝家、秀吉等軍團長是平行的位置，但是再怎麼說信忠都是信長的嫡子，其他軍團長還是必須敬他三分。

而信長死後，以信長為頂點的獨裁政權瓦解。因此三法師所繼承的是當年信長傳給信忠的「**織田家**」，而不是位於頂點的獨裁寶座。筆者在這邊做一個假設性的推論，如果信忠沒有死在本能寺之變，但最後還是秀吉率軍打倒明智光秀的話，信忠依舊無法全盤接收信長的政治遺產，還是得和重臣召開會議，商討論功行賞事宜。

各勢力藉著清洲會議，重新洗牌開局。秀吉佔地利之便，在京都替信長舉辦盛大的葬禮，棺材中放置信長的木像，命池田恆興的兒子以及信長的四男（在信長生前由秀吉收為義子）抬棺，並大方捐贈一萬貫資金（如果以現代米價換算的話，大約一億日圓，折合臺幣約二千八百萬元），用來修築總見院弔念信長。織田信孝與信雄兄弟、還有柴田勝家等人無不氣得牙癢癢，但是京畿周遭的勢力大多選邊站地協助秀吉舉辦葬禮，讓秀吉能夠重新盤點敵我陣營的成員。秀吉藉此操作輿論，並且向京都的朝廷與公卿宣示，自己將成為信長的正統接班人。如果戰國時代有網軍的話，秀吉一定是帶風向的高手！

反秀吉陣線聯盟與賤岳之戰

面對羽柴秀吉的大動作，柴田勝家、織田信孝與瀧川一益組成了**反秀吉陣線聯盟**，北從越前南到伊勢，像是一條南北向的縱線對抗秀吉。秀吉為了反制，聲稱家督三法師的三叔信孝意圖不軌，便找上三法師的二叔信雄合作。而反秀吉陣線聯盟的盟主柴田勝家位在北陸地區，寒冬常因大雪封路無法出兵，秀吉看準這點，趁著十二月的嚴冬，拿下柴田勝家旗下的長濱城，快速包圍岐阜城，迫使信孝投降，並趁勢往南削弱瀧川一益的勢力。等到柴田勝家能夠出兵的時候，已是隔年三月。

西元一五八三年三月，柴田勝家率領約三萬士兵進駐到近江國北部，與秀吉的軍隊在此地對峙。織田信孝趁機舉兵，打算和

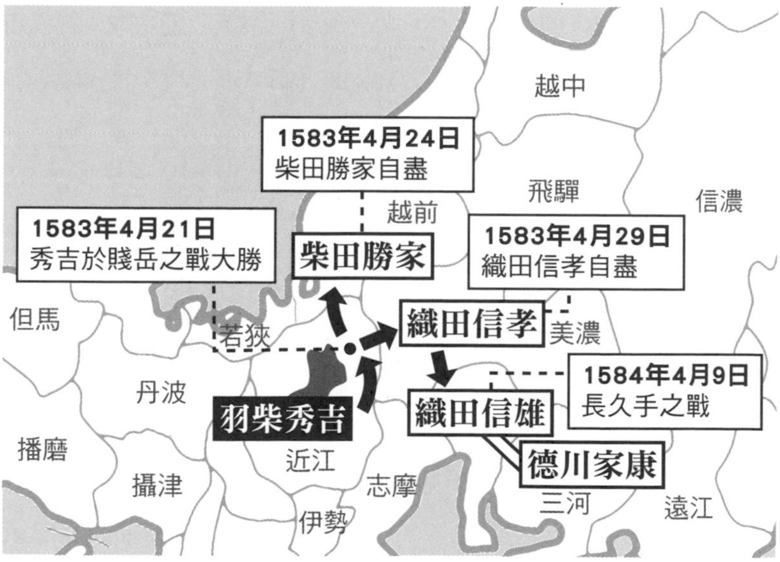

賤岳之戰（1583）～小牧長久手之戰（1584）

柴田勝家互相呼應打倒秀吉。沒想到秀吉反過來利用局勢，假意率領主力軍隊迎戰織田信孝，刻意露出空檔引誘柴田軍的前鋒進攻，秀吉再率領主力軍隊以不可思議的神速返回戰場，又稱為美濃大返還，秀吉率軍打倒柴田軍前鋒並分化柴田部隊，在四月二十一日於賤岳之戰大破柴田軍。四天之後攻下柴田勝家的根據地北庄城，柴田勝家自刃身亡。秀吉採用借刀殺人的方法，讓友軍織田信雄率軍包圍親弟弟織田信孝，逼得信孝切腹自殺。失去盟友的瀧川一益則是剃髮出家並開城投降。

透過賤岳之戰，秀吉順利掌握了信長生前所打下的大部分版圖，只有信濃與甲斐被德川家康搶先一步佔領。隨後秀吉以大坂為據點，建造一座超越安土城的巨城，宣示揮別信長，進入以秀吉為首的新時代。

秀吉的部隊在中國大返還和賤岳之戰中，兩度發揮驚人的**神速**。第二次世界大戰前的舊日本陸軍在西元一九三八年制定的《作戰要務令》中，規定全副武裝的步兵每小時行軍四公里，一日行軍距離二十四公里；美軍教範也是以每小時四公里為基準，野地行軍每小時二．五公里，強行軍的情況下一天大約五十公里。

而戰國時代的步兵裝備約三十公斤，加上路況遠比現代難行。日本學者工藤章興整理了今川義元在桶狹間之戰、武田信玄在三增嶺之戰、織田信長攻打朝倉家時的行軍紀錄，推算日本戰國時代的平均單日行軍距離大約是一天二十公里到三十公里左右。但秀吉的軍隊竟在中國大返還途中，從岡山縣的沼城狂奔到姬路城，創下一天強行七十公里的紀錄，為人所津津樂道。但其實賤岳之戰的美濃大返還更讓人吃驚，創下八小時強行五十公里之後還能作戰的驚人紀錄。

總歸來說，秀吉能夠打贏明智光秀以及柴田勝家，除了強大的戰略與外交手腕之外，秀吉軍優異的行軍速度也是一大關鍵。

第三章 你才豐臣，你全家都豐臣

從西元一五八二年六月二日的本能寺之變算起，短短一年之間便發生了許多大事，羽柴秀吉趁著山崎之戰、清洲會議、賤岳之戰，將昔日織田信長版圖掌握在手中，透過論功行賞的方式，讓境內大大小小的領主歸順在秀吉旗下。

秀吉讓信長的嫡孫三法師成為大名延續家名，就這點來說，還算是善待信長嫡系後代。但是信長的另外兩個兒子就沒那麼好運，織田信雄、信孝兄弟成為秀吉統一天下的阻礙，當信孝被借刀殺人之計拔除之後，信雄終於產生了危機意識。

以京畿為圓心的西日本，成為秀吉的囊中物。而此時期的東日本局勢又是如何呢？如果織田信長沒死於本能寺之變的話，從屬於信長旗下的德川家康、北條氏政及氏直父子，大概只能鎖死在信長所建立的政治框架之下，無法繼續擴大版圖。不過一場本能寺之變讓家康與氏政父子逮到機會，他們趁著混亂期擴大版圖，史稱為「**天正壬午之亂**」。期間雙方雖曾經發生小規模的戰爭，但旋即達成共識、締結同盟，家康吞下昔日武田家的甲斐及信濃，北條家則進攻上野，意圖一統關東。

此時京畿與關東這兩個武家政權的核心，西方有羽柴秀吉與毛利家的同盟、東方則有德川家康與北條家的同盟。其餘周邊勢力為了求生存，紛紛投向這兩大體系尋求庇護。舉凡越後的上杉家、關東的佐竹家和信濃的真田家，都為了抵抗德川與北條同盟而投向秀吉。形成以東西兩大強權為主軸的角力戰。

織田信雄與家康都希望阻止秀吉的勢力繼續擴張，他們在西元一五八四年決定攜手對抗秀吉。第一步棋先肅清信雄領地內親秀吉的城主，以殺雞儆猴的方法穩固陣線；第二步棋由信雄攻打伊勢國的親秀吉勢力，家康則在進軍尾張之後攻略美濃。

然而家康與信雄的第二步棋，遭到秀吉勢力的牽制。信雄與家康聯軍在伊勢戰場陷入膠著戰。此時美濃最大勢力是池田恆興，他從山崎之戰、清洲會議以來就屬於秀吉派，經驗老到的他立刻出兵攻下尾張的軍事重鎮犬山城，藉以抗衡位在小牧山城的家康及信雄。雙方打了一場小規模的戰爭，最後以德川軍的勝利收場。秀吉得知前線失利後，率領大軍支援前線，不過秀吉和家康都不敢小看對方的能耐，雙方在小牧山附近蓋了許多防禦用的城寨，陷入膠著戰。

如果把這場戰爭比喻為膠著狀態的籃球比賽，坐在板凳待命的池田恆興為了刷存在感，主動向秀吉提案：「只要控制了家康的老巢三河，就控制了比賽。秀吉教練，讓我上場吧，我想打籃球。」

小牧長久手之戰——秀吉、家康誰輸誰贏？

在池田恆興的提案下，西元一五八四年四月六日，秀吉命十七歲的外甥為大將，率領別動隊的本隊，由池田恆興率領先發隊，共計一萬六千軍隊繞過山路，直攻家康的老巢三河國。秀吉的軍隊以神速聞名，但是這兩支軍隊卻像是出門忘了穿鞋一樣，竟然忘了掛上神速，給了德川家康反攻的機會。

四月九日早晨，池田恆興率領軍隊攻打岩崎城時，家康亦率領精銳部隊從小牧山城出發，奇襲了秀吉外甥領軍的本隊，於長久手獲得了勝利。先發的池田隊雖然攻下城池，卻被家康截斷後路而敗亡，清洲會議的四大重臣之一——池田恆興戰死沙場。在小牧長久手之戰中，敗陣而逃的秀吉外甥，就是日後被蔑稱為「殺生關白」的**豐臣秀次**，他的人生還會受到秀吉擺布多次。

工於心計的秀吉，當然不會只依靠池田恆興和外甥這支別動隊。四月九日當天，秀吉曾經對小牧山城的家康、信雄聯軍試探性的發動攻勢。只要一發現家康率領大軍回防三河，秀吉就率軍趁勢攻打小牧山城。但秀吉的攻勢引來了聯軍的猛烈反擊，他萬萬沒猜想到，家康竟然留下許多部將及士兵駐守小牧山城，還親自率領少數軍隊襲擊秀吉的別働隊。

以小牧山為中心的對陣，加上長久手戰場的戰鬥，合稱為**小牧長久手之戰**。儘管秀吉的別働隊失利，秀吉仍持續調派士兵增援前線，以軍力優勢彌補長久手戰場的失敗。雙方依舊保持著膠著戰，只有零星幾場小規模的試探戰爭，沒有一方能夠打破僵局。

接著，秀吉改採取外交戰，在十一月與信雄單獨議和。如此一來，家康失去救援信雄的出兵理由，只好率兵撤退，結束這一場戰爭。雖然江戶時代的史料，為了尊崇德川家康，大多記載德川家康在小牧長久手之戰獲勝。但是從戰後影響來看，秀吉雖然在長久手一戰中損兵折將，但秀吉換得了伊賀以及伊勢半國的新領地，因此這幾年的書籍開始改稱「秀吉獲勝」。不過從家康的角度來看，他贏得戰勝秀吉的威名，就算日後歸順於秀吉旗下，也沒有人敢輕易小覷家康。

從本能寺之變到小牧長久手之戰，秀吉為了將昔日信長的勢力都掌握在手中，整整花了兩年的時間。雖然秀吉在大部分的戰役都獲得勝利，但這時他已經四十八歲了。所謂「人間五十年」，如果秀吉要土法煉鋼，藉由一場又一場的戰役來擴大勢力，恐怕得活到一百歲才能統一天下。

我關白我驕傲！打不下來就靠朝廷威名來壓！

有道是「人生苦短不喝爛酒，人生苦短不打爛仗」，小牧長久手之戰的戰術失利，像是一盆潑在秀吉頭上的醒腦水。秀吉決定雙管齊下，將兵力用在容易打的戰場，再運用朝廷的力量來累積自己的優勢。

小牧長久手之戰停戰之後，秀吉向朝廷獻上大量的金錢，晉升為從三位權大納言。四個月後的一五八五年三月，秀吉晉升為正二位內大臣，七月十一日成為從一位**關白**。「關白」是輔佐天皇的重臣，同時也是公卿的頂點。秀吉為了取得這個關白之位，其實花了不少功夫以及金錢。

輔佐年幼的天皇者稱為「攝政」，天皇成年之後的輔佐者稱為「關白」，兩者合稱為「**攝關制度**」，這個制度始於平安時代中葉，藤原道長將女兒嫁給天皇之後，再讓生下的皇子繼任下一屆天皇，並安插一族親信擔任朝廷重位，藉此獨攬朝政。打從平安時代以來，唯有藤原氏北家流的五個分支能夠擔任關白，這五家稱為五攝家（近衛、九條、鷹司、二條、一條）。

西元一五八五年，出身五攝家的二條家與近衛家互相爭奪關白的寶座。這時，秀吉跳出來當和事佬，提出了異想天開的提案：「為了不讓你們兩敗俱傷，不如先將我收為近衛家的猶子[1]，再把關白之位讓給我吧。」除此之外，秀吉還答應要給近衛家一千石的領地，五攝家的其他四家則各給五百石領地。秀吉不僅拳頭大，就連提出來的謝禮也很大，儘管五攝家與朝廷內心稍有怨言，最後還是接受了這個提案。

昔日織田家的近江地區旗艦店長兼軍團長**羽柴**秀吉，這時候成了電影《陰陽師》中吟詩作對的貴族主流藤原一族，化身為**藤原**秀吉。隔年西元一五八六年，朝廷特別賜予「豐臣」氏給秀吉使用，我們所熟知的**豐臣**秀吉終於在此時進化為最終型態。至於朝廷賜予「豐臣」的原因，有可能是秀吉不願受到藤原一族長老的指指點點，也有可能是五攝家不希望出身低下的秀吉影響藤原一族的家格，從此**豐臣**與**源平藤橘**四大氏並列。

西元一五八五年，秀吉可說是從軍事與政治雙管齊下。上半年一掃紀伊半島以及四國的反對勢力，又在七月就任關白，接下來就是向德川家康報一箭之仇了。秀吉在

1　猶子與養子並沒有絕對的界線。根據目前所知的紀錄，猶子不見得要改姓，一般來說沒有繼承家業的權力，親屬關係僅限於一代之內。

十一月挖角家康的兩大家老之一，也就是西三河旗頭家老**石川數正**。沒想到以忠心著稱的三河武士石川數正，竟帶著德川家的軍事機密投奔豐臣勢力，這件事讓德川陣營大亂，家康平常就有咬指甲的壞習慣，這時候更是焦急到嚇到吃手手。家康決定借武田舊臣的經驗，將家中軍制改為武田體制。

秀吉挖角石川數正之後，準備率領十萬大軍攻打家康。然而，不知是老天爺眷顧家康，還是戰爭之神還想在人間多待一陣子，西元一五八六年一月發生了推測芮氏規模達七至八之間的「**天正大地震**」。家康的三河國震度大約三級左右，但是豐臣的領地可就沒那麼幸運，位處對抗德川軍前線地帶的尾張國、美濃國，震度推測有六級，豐臣軍的軍糧庫大垣城失火。

大戰當前，豐臣軍的前鋒部隊以及糧草在轉瞬之間灰飛煙滅。秀吉只好放棄武力，透過外交戰拉攏家康，為了讓家康願意放心上洛稱臣，秀吉不惜將自己的妹妹強行嫁給家康，還把自己的母親送到德川家當人質抵押。終於在一五八六年十月，家康上洛從屬於秀吉。兩個月後，秀吉敘任律令制度下的最高職位**太政大臣**，日本正式進入豐臣政權的時代。

關白的任務是要輔佐天皇，維護日本的和平。秀吉憑著關白的身分，命令九州境內的諸勢力立即停戰。此時大友家被島津家打得落花流水，立刻表態唯秀吉之命是從，但島津軍仍持續發動攻勢，秀吉遂於西元一五八七年率領大軍攻入九州，島津家最後只得投降。

西元一五八八年，秀吉花費龐大的資金，邀請天皇前往**聚樂第**[2]**行幸**，此舉除了討好朝廷之外，還具有向朝廷及天下大名宣示地位的意義。秀吉挾著輔佐天皇的名義，要求各個大名提出起請文，宣示效忠天皇並服從關白的命令。秀吉依照這些大名的朝廷官位高低，將所有的起請文編列整理，以關白太政大臣**豐臣**秀吉為首，包含正二位內大臣**平**信雄（織田信雄）、從二位大納言**源**家康（德川家康）等等。其中也有許多大名在秀吉的**溫馨**賞賜之下，被迫使用「豐臣」氏，或是被授予秀吉的舊姓「羽柴」，如前田利家、毛利輝元、上杉景勝等大名。

秀吉打的如意算盤是「今後大家就是一家人囉！」然而其他人可是啞巴吃黃連有苦說不出，只能在心中默默怨嘆：「你才豐臣！你全家豐臣！」

秀吉這招可說是一石多鳥，首先秀吉利用天皇的威儀來制衡大名，今後如果有人違背起請文，舉兵反秀吉，就等同於與朝廷為敵。其次，秀吉不是源氏出身，如果要破例就任武家首領「征夷大將軍」，將有許多窒礙難行的問題，秀吉藉著攀附五攝家

2 聚樂第是秀吉擔任關白之後，在京都所建造的政廳兼宅邸，根據京都市考古資料館的研究以及考古成果，聚樂第是南北約七百三十公尺、東西約四百八十公尺的平城。城內建有天守閣，並且以金箔瓦裝飾。但聚樂第落成的八年後，就因豐臣秀次事件而被拆毀。

而成為關白，爬上公卿貴族的頂點，他手上能用的武器便是律令制度的官位。秀吉將臣服於自己的武家，納入朝廷的官位編制，建立公武合體的**武家關白**。同時向朝廷及天下宣示，這些武士都歸順於秀吉的旗下。

在室町幕府前期，官位有著嚴格的限制，用來作為上下之分的界線。舉例來說，武士不能擔任三位以上的官職，「侍從」這個官位只有公卿能夠擔任。雖然戰國時代各地武士私稱官名，但是如果想獲朝廷承認的話，還是得遵守傳統規範。不過當秀吉成為關白之後，這些規矩全被秀吉給打破了。以公卿家格來看，秀吉成為最上層的攝關家格，德川、前田、毛利則納入第二層的清華家格，秀吉的養子宇喜多秀家也打破往例成為從三位侍從。

由於豐臣政權背後沒有強大的家族來支撐，秀吉是靠著賜予武士「豐臣」氏或是「羽柴」姓[3]，建立了**擬制血親**關係。換成白話一點的說法，就是秀吉強迫許多大名一起加入豐臣這個大家族，以後大家都要聽秀吉這個族長的命令。

3 由於「豐臣」氏和「羽柴」姓，都是在秀吉這一代開始使用，因此有許多難以解釋的使用情況。如果以德川家康來看，他是「源」氏後代，家族出身於松平庄，因此以「松平」為姓，後來又改為「德川」。詳細請見德川篇。

第四章 戴上權力魔戒的猴子

秀吉靠著與朝廷共生共榮的方式，借朝廷的威儀編整關八州以西的勢力，而秀吉下一個目標，便是蟠踞關東地區將近百年的北條一族。秀吉於西元一五九〇年的小田原之戰，壓倒性地擊敗北條勢力（詳細內容請參考北條篇第四章），日本全國的大名終於全歸順於秀吉旗下。

小田原之戰後，秀吉下令要德川家康轉封到北條一族所治理的關東，再將家康的領地轉封給織田信雄，但是信雄不願交出織田的起家厝尾張國。但秀吉此時已經成為名副其實的天下霸主，無法容忍有人違反他的命令，因此秀吉直接沒收信雄所有的領地，將連接京都與關東的東海道區域，封給自己的外甥及親信。秀吉相信只要掌握**東海道**這條大動脈，就算關東生變也能夠及時派兵撲滅火源。

另一方面，秀吉安堵臣服於他的北關東、東北地區大名，將蒲生氏鄉轉封到會津，命他監視東北局勢。秀吉在小田原之戰後統一天下，但是奧羽地區發生了長達一年左右的動亂，起因是遭沒收領地的武士以及不願接受檢地的百姓聯合發動了一揆。

秀吉命德川家康與外甥秀次為大將，前去鎮壓，稱為「奧州再仕置」。此戰結束之後，在關白秀吉的**惣無事令**以及壓倒性的威權之下，日本暫時結束了內戰，天下歸於一統。

如果套用現代企業的觀點來看，這時候的日本又是怎樣的局面呢？本書在織田篇提到，信長推翻了「室町幕府集團」這個舊制度，但是還來不及提出新制度，就橫死於本能寺之變。這時候日本全國大大小小的店鋪，逐漸整合成為前田派、德川派等派系。而身為龍頭的秀吉，知道自己要趕快推出新制度，對上能安撫名譽董事長（**天皇**），對下也才有個標準流程來管理各大派系。秀吉想效法前人，成立全新的「秀吉幕府集團」，並由他自己擔任執行長，但在那個講求血統的年代，並非源氏後人的秀吉不能開幕府。秀吉靈機一動，想起那些在地下室吃冷飯的皇親國戚，他們的祖先在六百年前可是用關白身分統領天下，秀吉便用錢買通他們，以皇親國戚頂點的**關白**之身，統治日本全國派系。把影響力已式微的關白拿來重新利用，這也算是百年傳統全新感受吧。

如果是玩戰略遊戲的話，這時候應該已經開始播放破關動畫。但是戰國亂世並非美麗的童話故事。如果抱持著不切實際的期待，只會發生「你哭著對我說，童話裡都是騙人的」慘劇。

秀吉之野望～東亞皇帝記～

統一日本的秀吉，卻讓日本的軍民百姓陷入另一個困境。秀吉在「奧州再仕置」落幕後，立即於西元一五九一年十月，在肥前名護屋，也就是現今的九州佐賀縣築城，宣示要渡海「**入唐**」。明明秀吉才剛統一天下，此時正是休養生息、厚植國力的時候，為什麼要立刻發動對外戰爭？難道秀吉得了一種不打仗就會死的病嗎？

其實秀吉不只一次地向部下提起過，自己要繼承織田信長的遺志統治唐國（當時的明帝國）。但我們都知道，儘管口頭上說要蓋迪士尼樂園或是進攻明帝國，只要是沒寫在政見裡面的事情都不算跳票，信長是否真的打算要渡海攻打明帝國，除非觀落陰問他，否則誰也無法證明此事的真偽。究竟秀吉真正的目的是什麼呢？

日本學者藤木久志認為，秀吉挾著天皇的威儀以及自己的軍力，強制要求日本國內的各個領主停止私戰，這種急踩剎車的和平造成大名與士兵的不滿，為了要讓以戰維生的士兵有地方去，秀吉決定將戰場轉移到國外，確保日本國內的和平。另外也有一說認為，秀吉是趁機將反豐臣政權勢力轉移到海外。

而筆者認為，從本能寺之變開始，秀吉就馬不停蹄地為主報仇，好不容易在原有的織田體系下取得影響力之後，接踵而來的是接連不斷地征戰以及擴大勢力，途中雖然有一些小挫折，但秀吉還是突破困境統一了天下。但就在秀吉在人生最高峰的西元一五九一年，長期以來攜手奮戰的弟弟**豐臣秀長**病逝，從家事到政事都能討論的茶人**千利休**，也因秀吉的猜忌而被賜死。不僅如此，就連秀吉唯一的幼子鶴松也被死神帶走。人畢竟是感情的動物，失去繼承人的秀吉，將關白的位置和聚樂第讓給了外甥豐臣秀次，改以太閤的身分掌管軍政，此時再也沒人能夠出言勸誡他，秀吉就像是戴上魔戒的猴子，化身為狂暴戰馬往懸崖直奔。

讓人惋惜的是，昔日那個從基層做起，總是與部下同甘共苦衝鋒陷陣的**名將羽柴秀吉**已經消失，取而代之的是坐鎮九州名護屋城，在遠離前線的安全堡壘中驅使將士渡海打仗的**太閤豐臣秀吉**。

秀吉曾向部下訴說自己腦中的願景——他想建請天皇移駕到北京，而外甥秀次就隨著天皇渡海成為中國的關白。日本則交由皇太子執掌，關白由宇喜多秀家或已故的豐臣秀長之子擔任。朝鮮交給自己的養子，名護屋則交給小早川秀秋。而秀吉自己將坐鎮寧波，接受東亞諸國的朝貢。

這番紙上談兵的計畫，聽來令人啞然失笑，但其中有幾點值得研究。首先秀吉非常注重國際貿易，他認為自己統治的日本足以取代明帝國，成為「**東亞皇帝**」。這個詞來自日本史學者堀新提出的論點，他認為秀吉繼承信長的志向，打算以武力將勢力擴展到東亞地區，取代明帝國成為「中華皇帝」。但是有一點要非常注意，這個「中華」指的是整個東亞長久以來的**華夷秩序**及**朝貢貿易體系**，非我們所認知的「中華民族」。為了避免發生字義上的混淆與誤解，在此選擇意譯為「東亞皇帝」，請各位讀者與戰國同好諒解。

不是親生的錯了嗎？外甥秀次的悲劇

其次，秀吉打算安排豐臣家族成員駐守要地。這種家天下的想法並不意外，但是秀吉能夠調派的豐臣家族成員中，外甥秀次以及秀長之子都屬秀吉的旁系血親，小早川秀秋從旁系血親成為小早川家養子，宇喜多秀家雖然和秀吉沒有血緣關係，但從小就成為秀吉的養子，備受寵愛。

以上一口氣列出許多人名，或許會讓人覺得頭昏腦脹，其實重點只有一個，就是秀吉可以用來託付家業的一門眾，不但人數稀少且大多血緣淡薄。秀吉的家族本就人丁單薄，沒想到秀吉還老來亂心，親手誅殺了自己栽培的外甥秀次。

常言道，上帝如果要毀滅一個人，必先使其瘋狂。秀吉在文祿之戰爆發的那一年，由於心愛的幼子病逝，而將關白大位交給外甥豐臣秀次。豈料老天爺隨後開了秀吉、秀次這對舅甥一個天大的玩笑，兩年後秀吉老來得子，秀次的地位開始變得尷尬。通說描述秀次意圖謀反，做了一大堆傷天害理之事，人人罵秀次是「**殺生關白**」。身為親舅舅的秀吉得知此事後，命他剃度出家並在高野山蟄居反省。傳說石田三成等人進讒言，慫恿秀吉命令外甥秀次切腹自殺。西元一五九五年，秀次自盡之後，首級被高掛在京都三條河原示眾，秀次的妻室以及子女等三十九人遭連坐處刑，秀次一族的遺體被埋在亂葬坑中，其中還包含了最上義光的愛女駒姬。

雖然通說描述秀吉下令命秀次自盡。但是近年來的新說，認為秀次是精神壓力太大，自己尋短的。筆者認為，秀吉可能只是想要懲罰一下秀次，畢竟在秀吉的幼子成年之前，豐臣家還是得靠秀次來支撐。沒想到秀次竟然選擇自盡，自殺的地點還是供養秀吉亡母的寺廟。秀吉是氣急攻心，決定一不做二不休，既然秀次你用死來表達反抗，我就把你的家人一起送去地獄陪葬。

秀次死時才二十八歲。秀次心裡應該很明白，自己能夠飛黃騰達，完全是因為舅舅一人得道，才能雞犬升天。退一萬步來說，就算秀次真的暗殺自己的親舅舅，他也沒有足夠的威勢能夠收拾殘局。

「我的一生受人擺布，一時的飛黃騰達是假的，萬人擁簇也是假的。豐臣政權需要我的時候，不管我的能力能不能背負，就把大位壓在我頭上；猜忌我的時候，就連解釋的機會也不給我，命我出家離開塵世。我不能決定自己的誕生，但我可以決定自己的死亡……」也許秀次的心聲便是如此吧。

秀吉征韓，勞民傷財

言歸正傳，讓我們回頭來看這場秀吉一手發動的大戰。秀吉視朝鮮為屬國，要求朝鮮充作嚮導，帶日本的軍隊攻擊明帝國。但朝鮮壓根不理會這種不切實際的夢話，於是秀吉在一五九二年三月，派遣十六萬大軍攻打朝鮮，史稱為**文祿之役**。軍隊勢如破竹地橫掃朝鮮，一路從釜山經過漢城打到平壤。受到戰國時代淬鍊的日本軍隊，戰力自然比相對和平的朝鮮軍來得強，但是朝鮮民族也有保家衛土的決心，各地組成義兵，以游擊戰的方式回擊日本軍隊。

一五九三年一月，明帝國派了四萬兵馬從北方包圍平壤，加上朝鮮半島南方的全羅左道水軍節度使**李舜臣**，利用海戰的優勢截斷了日本軍隊補給路線，使日本軍隊陷入進退兩難的困境，雖然日本軍在漢城附近的碧蹄館之戰擊退了明帝國與朝鮮聯軍，但在這局勢下，不管是明帝國或日本的將士，無不陷入厭戰的氣氛。

一五九三年四月十八日，在日本軍以及明帝國軍隊的共識之下，日本軍隊離開漢城撤往釜山。明帝國的軍隊派出軍使，偽稱是明帝國的官方使節，在五月與**石田三成**、**小西行長**，一同前往名護屋城與秀吉議和。為什麼要特別提到石田三成與小西行長呢？因為他們是日後決定日本局勢的「關原之戰」中，西軍的兩個重要角色，這一點留待德川篇第三章再向各位讀者說明。

石田三成與小西行長帶著明帝國軍使，前往日本見豐臣秀吉。秀吉只知道前線吃緊，不清楚朝鮮戰局的實際情況，他一廂情願地認為明軍的使者是前來乞和，高高在上地提出了七項條件。其中四條針對朝鮮王朝，秀吉答應釋放人質並歸還朝鮮北部的領土，命朝鮮重新派遣人質並發誓效忠日本。但是秀吉答應歸還的領土，其實是日本軍隊早已棄守的土地，可見秀吉壓根不曉得前線的實際戰況。另外兩條針對明帝國，要求明帝國的皇帝將女兒下嫁給天皇，並要求明帝國與日本互換誓詞。這兩個要求反映出秀吉無限腦補的內心小劇場，讓人不禁白眼翻到天邊。

套句《涼宮春日的憂鬱》的名言，「在虛構的腦補小劇場中尋求真實感的秀吉，腦袋一定有什麼問題」。打從秀吉的弟弟與千利休死後，豐臣政權就像是只剩油門沒有煞車的失速列車。

不過「老番顛」（老糊塗）化的秀吉並非完全失去理智，七項條件中唯一值得玩味的，就是秀吉要求重啟日本與明帝國之間的**勘合貿易**。

關於這場日、明軍隊連袂演出的大戲，以企業的角度來看，就是任職於會計以及監察部門的小西行長與石田三成，無法阻止獨裁者太閤秀吉一意孤行，只好和明帝國部隊演一場戲，想辦法先停戰再說。小西行長為了避免戰爭繼續擴大，擅自將秀吉的要求竄改成降書，派家臣冒稱日本使節到北京，放低身段希望能重啟勘合貿易。從這點可以看出，小西行長很清楚秀吉非常看重海外貿易。

但是小西行長的小聰明，頂多撐過三年的短暫和平，終究無法粉飾太平。明帝國皇帝萬曆帝（明神宗）拒絕重啟勘合貿易，派了冊封使帶著國書、印鑑及官服前往日本。冊封使於一五九六年九月一日進入大坂城，奉萬曆帝的旨意冊封秀吉為**日本國王**。至於秀吉當時所提的其他條件，早就被小西行長瞞天過海般地敷衍過去，明神宗當然沒有任何答覆。

所謂的**日本國王**，指的是在**華夷秩序**之下，東亞皇帝（**中華皇帝**）承認及冊封的日本統治者。明神宗冊封秀吉為日本國王，同時也代表著明帝國才是正宗的東亞皇帝。昔日室町幕府的將軍足利義滿[4]採務實主義，他受明帝國冊封為日本國王，目的是與明帝國進行勘合貿易。但秀吉自以為有資格取代明帝國，成為新一代的東亞皇帝。不僅如此，明帝國還不願意重啟勘合貿易，明神宗只打算用「日本國王」來打發秀吉，不論就面子或裡子，都無法滿足秀吉的期待。

日本與明帝國談和期間，日方留下二萬左右的軍隊駐守朝鮮，其餘軍隊返國喘息。但是一五九六年和談破局之後，秀吉決定重啟戰事。指派日本十二萬大軍渡海，聯合駐守在朝鮮南部的二萬守軍發動攻勢，史稱為**慶長之役**。

日本軍第二次攻打朝鮮，同樣在初期得到了局部優勢，但隨著明帝國增派援軍，朝鮮名將李舜臣擊敗日本水軍後，日本軍再度陷入泥沼般的困境。

慶長之役開打兩個月後，秀吉命令加藤清正修築蔚山城，但城池才蓋好沒多久，

4 動畫《一休和尚》臺譯版裡的洪將軍，其實就是足利義滿。

明帝國與朝鮮聯合軍就以軍力優勢團團包圍蔚山城。剛蓋好的蔚山城內存糧還不夠，使加藤清正陷入前所未有的苦戰，所幸友軍前來支援才解除危機，但是日本軍已經無力追擊敵人。此戰之後，宇喜多秀家等十三位大名向軍監提出聯署書，希望能夠放棄蔚山城等城池，縮小陣線以換取反擊的空間。消息傳回日本之後，已經騎虎難下而且幾近「老來番顛」的秀吉勃然大怒，嚴厲譴責前線將士作戰不力還打算放棄城池，不只沒收戰將的領地，還火上加油地分封給軍監，此舉無非是點燃**武將與文官衝突**的導火線。

眼見豐臣的樓閣都已經快垮了，秀吉還放這麼一把火。在朝鮮奮戰的日軍將士，在秀吉強硬的命令下陷入進退兩難的死局。而位於大後方的太閤豐臣秀吉，竟還安逸地在三月十五日於醍醐寺舉辦盛大的賞花大會。最後，秀吉的生命就像散落的櫻花般凋零，賞花大會後即臥病在床，於一五九八年八月十八日病逝。在異國苦戰的將士也終於獲得解脫，一邊抵擋明帝國與朝鮮聯軍的追擊，一邊撤離朝鮮，結束長達七年的**文祿慶長之役**。

以交際手腕著稱的秀吉，昔日一手揮舞鞭子一手拿糖果，整合各方利益壯大勢力。有別於喜怒無常、動輒殺人的織田信長，只要戰國大名願意乖乖地臣服秀吉，大多可以保全家名和性命，四國的長宗我部、九州的島津皆是如此。羽柴秀吉原是一個頭腦清晰且相對平易近人的武將，沒想到在掌握天下之後竟成為暴君，不僅心狠手辣地對待自己的外甥，引起一門眾以及各地的大名對的反感。最後甚至一意孤行地對朝鮮發動戰爭，讓受封九州的親信在戰場上結黨內鬥，種下關原之戰的火種。

豐臣政權從文祿慶長之役開始生病，一六〇〇年的關原之戰後送入加護病房，最終在一六一五年的大坂夏之陣後宣告死亡。關於「**關原之戰**」與「**大坂之陣**」這兩場日本戰國時代的最後大戰，留待德川篇第三章至第五章再為大家說書。

在本章的最後，請容筆者下一段結語。回想筆者第一次認真收看的大河劇，正是西元一九九六年由竹中直人主演的《秀吉》，片中的秀吉是一個認真又討人喜歡的人物。但實際讀了秀吉的資料，才不禁感嘆他親手毀了自己打造的天下，也留下了東亞的歷史傷痕。日本戰國時代武士的「一所懸命」的精神，是用武力來保護自己打造的家園，而非是渡海侵略其他國家。我們在謳歌戰國武將的同時，也不能忘記戰爭所帶來的殘酷。

第五章 秀吉的政策「檢地」與「刀狩」

綜觀豐臣秀吉逆行倒施的後半生，讓人不禁懷疑，大名鼎鼎的豐臣秀吉是否過譽了？文祿慶長之役這個黑歷史，至今仍然影響韓國與日本之間的關係，韓國總統甚至不願意在象徵秀吉的大阪城前留影。除此之外，秀吉的兩大政策「**檢地**」與「**刀狩**」，在四百年後的今天，也深深影響著全日本的考生。談完秀吉壯闊的一生之後，本章就來討論看看這兩個關鍵字代表的意義。

所謂「**檢地**」，其意義是藉由丈量土地及田地，進而確保賦稅並要求領主在戰爭時出兵。這可是戰國時代的一門大學問。因為武士的主從關係，建立在「**御恩**」與「**奉公**」的相互關係之上，君主賜予或是安堵屬下的領地，稱為「御恩」；屬下效忠主君並且遵從主君的命令出兵，稱為「奉公」。戰國時代的大名除了打仗之外，土地管理也是其工作的一環，而檢地就是土地管理的重要環節。接下來我們試著從三個方面來解析檢地。

戰國時代持有土地的人是誰？檢地的定義是什麼？豐臣秀吉推行的檢地有何獨到

之處？

從莊園制到名主、國人，土地制度學問大

讓我們先把時間軸往回拉，日本在七世紀吸收了中國的體制，土地為朝廷所有，國家將土地交由百姓來耕種，這個「公地公民」制度看來美好，但其實執行上有很大的困難，必須有非常完整的戶籍制度做配套，因此無論是唐帝國的均田制或是日本的班田制，最終都走向失敗。後來日本朝廷為了鼓勵百姓開發荒地，有條件地放寬土地私有制度，但是百姓擔心自己努力開發的土地終將被朝廷沒收，或是被官員、惡霸給佔領。最後百姓想出一個最原始卻也最有效的辦法——找靠山。

村莊的領導者將土地獻給下級官員，約定好每年獻上多少米糧，請他們當靠山。下級官員也如法泡製，再將土地獻給京都的貴族，尋求朝中大官更有力的協助。對村莊來說，與其繳納高額年貢給朝廷，冒著日後被強行徵收的風險，還不如將土地層層獻給貴族當作莊園，不僅可以少繳一點年貢，還能實質保有土地的權利，這個制度稱為**莊園制**。但這個體制導致同一塊土地的所有權紊亂，從地方官員到中央貴族都有權

主張土地屬於自己。

隨著朝廷的勢力日漸衰退，村莊以及下級官員發現靠山根本不值得信賴，他們開始武裝自己、保衛家園，並逐漸轉變成為在地武士。當日本進入貴族武士主導的幕府政權時，幕府將軍在各國設立了**守護**以及**地頭**，分別負責軍事警察權和稅制。而村莊的領導者分為兩大類型，一種選擇留在村莊處理大小事務，這類領導者有許多種稱呼，在此以「**名主**」作為代表；另一種率領鄉勇，成為守護或是地頭的部下，常見的土豪、地侍都是這個領域，在此以「**國人**」作為代表。

名主是村莊大小事務的代理者，就算統治這裡的大名從今川家變成武田家，名主的權益依舊不受影響。但是國人就不同了，因其臣屬於武家之下，有出兵參戰的義務，戰爭的成敗會決定國人是擴大勢力，抑或是失去自己的領地。

在對戰國時代的村莊，還有名主、國人有初步了解之後，讓我們來看看「檢地」的意義。礙於土地的持有權太過複雜，對戰國時代的大名來說，派人細查每個村莊的土地以及收穫量，不僅曠日費時還會遭到村莊的反對，因此大部分的大名都是讓名主、國人自己提出村莊的收穫量，大名再派官員實際走訪村莊，看看村莊的實際情況，這種方法稱為「**指出檢地**」。本書的六大家族中的武田、上杉、北條都是採取這種方法來檢地。

而關東的民政王北條一族，早在西元一五〇六年便施行檢地，領先織田信長的檢地七十年。北條家採用「貫高制」，簡單來說，就是以這塊土地收成量大概值多少錢來計算。水田每反[5]一律五百文、旱田一百六十五文。

即便是革新主義色彩強烈的織田信長，在他的老家尾張國也未曾進行過大規模的檢地，因為檢地很容易和國人、名主的利益產生衝突。直到西元一五七七年，信長才命北陸軍團長柴田勝家，在越前國實施檢地。從這一點可以發現，就算是信長這樣的戰國大名，對於國人、名主等在地勢力還是保有三分尊重。越前國之所以執行檢地，是因為土地的統治權從朝倉易主為織田，加上織田政權出兵鎮壓越前一向一揆，才能順利執行檢地。

從現存文件來看，柴田勝家丈量村落的界線，命各村落的名主申報村落的收穫量，再派官僚到現場實際勘查。水田不設等級，田地一反一律算一石五斗，屋敷也採同樣方式計算，至於旱田則分三個等級來計算，將三者統合之後即計算出該村落的石高，不過這個方法與北條家的指出檢地相去不遠，只差在北條家是採取貫高制、柴田勝家採取石高制來計算。

5 反為尺貫法的面積單位，一反約為九九一．七平方公尺。但在戰國時代則習慣以生產量來倒推，能夠生產一石（一百五十公斤）稻穀的土地面積稱為一反。戰國時代的稅制與土地政策還有許多疑點，有待學界更深入研究。

秀吉的檢地之道，出身平民的經驗談

最後，我們來看看豐臣秀吉的太閤檢地究竟有何獨到之處，這對日本的學生來說可是歷史測驗的必考題。日本的教科書一般如此敘述：「豐臣秀吉丈量土地的面積，統一採用『京枡』作為標準容器，按照田地的面積與等級計算收穫量，確立了以稻米產量為基準的石高制。同時為整理紊亂的土地所有權，而在檢地帳上明文登記土地的耕作者」。但是根據學者的研究考據，真實的太閤檢地其實和教科書的內容有很大的差距。

我們在前文中提到，戰國時代的土地所有權非常複雜，一塊土地除了實際耕作者之外，莊官、寺社和貴族也保有所有權。因此戰國時代的村落賦稅，主要採用「**村請制度**」，由名主統籌處理處理村落的大小事務，領主不需對每個農民直接徵收稅役。如此一來，年貢額以外的農地收穫就是村落自己的收入，如果碰到颱風或是水災，村落也可以藉由檢地來申請減免年貢。因此對於村落來說，檢地可說是有弊也有利。

而秀吉出身村落，自然知道村落的想法，他初期採用溫和的方式，誘導村落接受檢地，隨著勢力擴大及累積豐富的檢地經驗後，再循序漸進地以嚴格的方式進行。秀吉要求農村詳實提供資料，如有隱瞞者則連坐處以極刑。

秀吉命負責檢地的官僚隨同書記人員，帶著農村的庄官與村民隨行調查。到各村落執行檢地時，使用統一規格的量竿，一間為六尺三寸（約一九〇公分），一反為三百步，劃分為五間乘以六十間的狹長型範圍（一〇八三平方公尺）。田地依照肥沃度來分級，若是肥沃的上田，斗代（年貢賦稅標準額）為一石五斗。

一石究竟有多少價值？

日本戰國時代的**一石約為一百五十公斤**。在日本的問答型綜藝節目中，經常會出現戰國武將年收多少錢的問題。其實戰國時代的經濟力很難換算成現代貨幣，米價會受不同時代的生產技術、生產地區、氣候影響，因此計算結果的誤差值相當大。

舉例來說，日本學者磯田道史用現代米價換算，得出**一萬石約等同於五億日幣**的結論，以二〇一九年的日幣匯率來看，大約是臺幣一億四千萬元。但是另一位學者山口博認為戰國時代的米價遠比現代高，一萬石大約是日幣十五億圓。

由此可見，同樣一萬石的領地，有人認為大約等於五億日幣，也有人主張應該是十五億日幣，相差有三倍之多，在此僅供有興趣的讀者做個參考。

丈量完田地的面積以及石高，經名主確認無誤後，由檢地的官僚記錄。書記人員明記村境、房屋數量、田地的面積與等級以及耕作者，經雙方確定之後定案，可從中窺見契約制度的精神。但是日本各地有各地的玩法，秀吉的太閤檢地標準只是大原則，實際的檢地內容交給檢地奉行（檢地官僚的總主管），依照實際狀況臨機應變。

根據日本學者平井上總的研究，太閤檢地分為三大類。第一類是秀吉派遣奉行，針對豐臣政權直轄地展開檢地；第二類是秀吉栽培的大名，像是加藤清正、福島正則等採取同樣標準來檢地，但是根據研究發現，第二類檢地也有沿用舊制度的情況，並非百分之百遵循秀吉的檢定命令；第三類檢地則是由從屬於秀吉的大名，例如德川家康、長宗我部元親等人，秀吉頒布檢定原則後，命令大名自行舉辦檢地並且繳交成果，視情況也會派遣豐臣政權的檢地奉行進行協助以及督導，但是原則上還是交給各個大名自主管理。

雖然太閤檢地並非如通說那樣，以統一的標準到全國各地進行丈量，但是秀吉建立了大原則，統整日本全國的土地現狀。此方法有別於其他大名所使用的「指出檢地」，秀吉派人確認第一線的實際情況，製作帳本獻給天皇，以展現自己身為關白的權威遍布全國。還能以檢地結果為依據，進行領地的分封以及轉封，並且要求各地領主按照領地石高出兵，順利建立一套金字塔型的分層管理制度。秀吉能在朝鮮戰爭中號召全國大名出兵，檢地是很重要的關鍵。

刀狩可不是把武器收一收這麼簡單

對日本學生來說，另一個與秀吉有關的歷史必考題關鍵字就是「**刀狩**」，指的是查禁百姓私自持有刀械，目的是**防止百姓一揆**。常有人說，秀吉推行刀狩政策，是為了防堵有人像秀吉一樣，從一介平民成為天下霸主，但這樣的說法實在太過斷章取義。為了更深入理解刀狩的用意，以下稍微探討一下當時的社會制度以及村落狀態。

前文提到，貴族政治崩壞之後，村落為了確保自身權益而開始武裝自己，形成在地武士集團，隨後二轉成為專司村落管理的名主或臣服於大名旗下的國人。名主也擁有武裝，戰國時代的村莊並不是可憐兮兮、只會等待勇者協助的弱者，每當村落間因為水源或土地起紛爭時，很容易發展成村與村之間的私鬥。雖然單一村落的武力不及專業武士，但如果村落聯合在一起形成一揆，就有可能扳倒專業武士。為了驅趕野豬野熊、保衛村落的權益，村落保有刀槍弓箭甚是鐵砲也不足為奇。

而秀吉的刀狩制度的雛型，源自於西元一五八五年攻打紀伊國時。紀伊國內的主要勢力是國人眾與本願寺，秀吉效仿織田信長燒討比叡山[6]的前例，燒了根來寺與粉河寺，驅逐本願寺的勢力，隨後築堤水攻一揆勢力。戰後秀吉將一揆首領的五十三個國人領主斬首示眾，先是沒收農民的武器，再發農耕道具給他們，要求農民回到村落務農。比起信長大規模屠殺長島一向一揆，秀吉只懲罰領導者，不僅饒恕參戰的農民還推行勸農制度，這招有效地收買了民心並且獲得村落的支持。

兩年後秀吉發兵平定九州，但肥後國發生大規模的一揆，嚴重影響秀吉對九州的統治。一揆主力部隊的一萬五千人中，只有八百多人是專業武士，百分之九十五的成員都是一般百姓。秀吉命大軍鎮壓一揆後，在隔年一五八八年，正式向天下頒布「**刀狩令**」，命令百姓向領主交出刀槍弓箭與鐵砲，秀吉會把這些兵器溶解為建造佛寺的釘子，如此一來，百姓也能積福報得到佛祖的救贖，百姓安居樂業務農，福延子孫高唱農家樂。

6 根據《信長公記》的記載，信長在西元一五七一年，下令攻擊包庇淺井軍的比叡山，並且放火燒山。當時宮中女官及公卿的日記都有紀錄這件事，成為信長暴虐無道的代表事蹟。但根據滋賀縣的考古結果看來，比叡山並沒有被大規模燒山的跡象，信長可能只針對小範圍下令燒殺。

專研村落以及百姓的日本學者藤木久志認為，日本中世以來，村落均採取自力救濟的方法，維護自身的權益。秀吉推行檢地、刀狩為首的制度，讓村落能夠透過報官訴訟的方式解決村落紛爭，對於村落的百姓來說堪稱德政。不過藤木久志也認同，刀狩令並非徹底地沒收所有武器，村落還是保有一部分的武裝。

筆者認為，檢地與刀狩是豐臣秀吉治國的重要主軸，雖然無法一步到位地在日本全國大幅推行，但確實是從根源結束戰國時代的重要政策。隨著秀吉日後頒布的其他政策，百姓失去了結黨一揆的武力以及私鬥的意識，逐漸回歸士農工商的領域，建立起兵農分離的基礎。

順帶一提，說到兵農分離，大家通常會認為是織田信長的獨創之舉。但其實織田信長頂多只能稱為兵農分離的先驅，用來要求信長的直轄部隊必須攜家帶眷居住在城下町。真正要落實兵農分離制度，必須有土地制度、戶籍制度等配套才可能實行，這些都是等到豐臣秀吉的時代，始全面性地推行。

德川篇

德川一族就像是位處於兩大商圈之間的便利商店加盟店，沒有明亮寬敞的空間，也沒有擺設大量商品的貨架，只能勉強地開店求溫飽。家康從小就被送到區經理的旗艦店實習，培養出察言觀色以及從失敗中學習教訓的個性。

家康一步一腳印地累積自己的實力，以不求戰也不畏戰的姿態自保，就像一個等待最佳時機的獵人。如今名為天下的獵物就在他的眼前，他只有一次開槍的機會，這一槍能否順利命中呢？

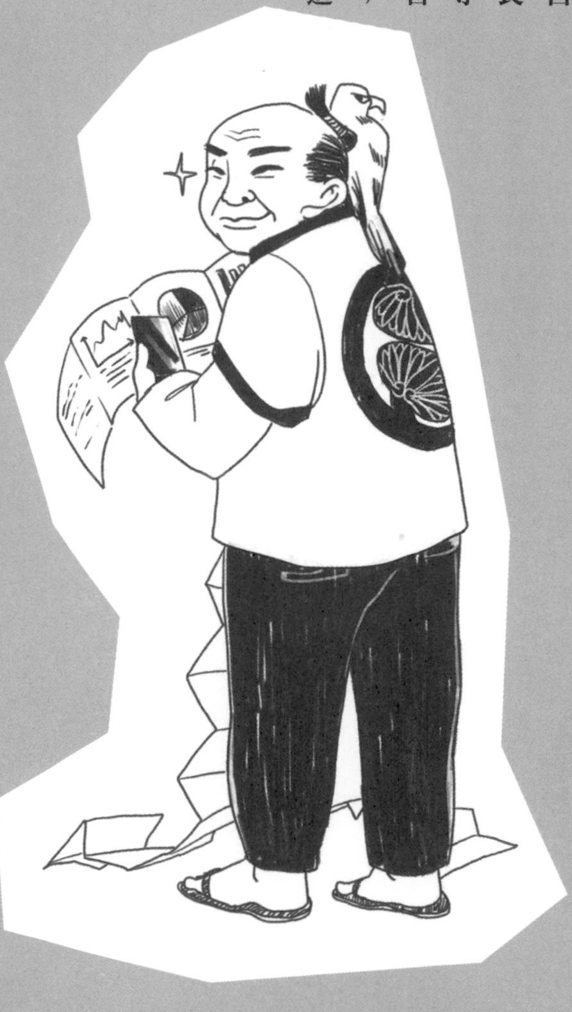

松平德川家系略圖

1 親氏 — 2 泰親 — 3 信光 — 4 親忠 — 5 長親 — 6 信忠 — 7 清康 — 8 廣忠 — 9 家康

家康 —
- 信康
- 秀康（結城）
- 秀忠
- 忠吉
- 信吉
- 忠輝
- 義直（尾張）
- 賴宣（紀州）
- 賴房（水戶）

第一章 夾縫中求生存的德川一族

在本書的最後，要為各位讀者介紹德川一族。其家族地位高於百姓出身的豐臣秀吉，但遠不如守護出身的武田信玄，卻在最後掌握了天下，成為武家的首領。談德川家康之前，讓我們先來檢視德川一族的淵源。

落腳三河國的松平一族

江戶幕府的開創者德川家康，原本的姓是「**松平**」，出身三河國松平鄉。松平一族的始祖名為松平親氏，依照德川家的官方說法，他是清和源氏的後代，出自上野國世良田庄，身為僧侶的他雲遊到松平鄉時，被當地豪農招婿還俗。松平親氏是武士的後代，又有岳父的財力作為後盾，他從山間農村開始擴展勢力，建立起松平家的開山基業。順道一提，小說家隆慶一郎筆下的小說《影武者德川家康》中，擔任家康影武者的世良田二郎三郎，其名就是引用上野國世良田庄的典故。

松平家第三代家督信光是個聰明人物，他知道自己雖然在地方上頗有勢力，但終究只是一個國人，以便利商店的企業結構來看，只是個大型加盟店的店長。他必須要拉攏位在京都的中央權貴，才能名正言順地擴大勢力。松平信光奉將軍之命掃蕩一揆，在應仁之亂時掌握了西三河三分之一的地盤，再透過聯姻將西三河境內其他加盟店長納入旗下。到了第七代家督清康，也就是德川家康的爺爺在位時，他將勢力擴張到東三河。就在松平清康即將統一三河的前夕，清康和織田信長的老爸信秀在守山對陣，最後在西元一五三五年遭部下暗殺身亡（史稱「守山崩」），得年二十五歲。原本宣稱「抓緊囉，要起飛了」的松平一族，就像是被折斷翅膀的雄鷹一樣急速下墜。

俗說常提到，如果松平清康沒被部下暗殺的話，他很有可能得天下。但是筆者覺得這種說法只是在拍德川家的馬屁，因為松平清康死後，從屬於松平家的東三河國人眾，個個像是「樹倒猢猻散」一般投向今川家。而松平一族的分家也看第八代家督廣忠年幼可欺，率兵攻入岡崎城奪權。可見松平清康生前對於三河國的統治並不穩固，雖然他擴張的速度很快，但能否稱為戰國大名，還有很大的爭議。

松平家第八代家督廣忠，也就是德川家康的老爸，他在家臣的保護之下逃出岡崎城，選擇向今川義元討救兵，再回到岡崎城平亂。這個決定讓原本松平一族努力經營的三河國，從此成為織田與今川兩家的角力場。西元一五四七年，松平一族的分家聯合織田信秀意圖攻打岡崎城，家督廣忠遂將年僅六歲的兒子竹千代（後來的德川家康）送到今川家當人質，懇求今川義元派兵救援。沒想到負責護送竹千代的家臣竟中途倒戈，將年幼的竹千代送到織田家。幸虧今川義元還是很講義氣地派兵協助，松平家方能擊退織田軍。但是短短兩年後，松平廣忠也遭刺客暗殺身亡。

算起來，德川家康的爺爺和老爸都被暗殺，相傳皆是死在村正所鍛造的刀劍下，因此民間常稱村正鍛造的刀為妖刀，加油添醋地說德川家忌諱村正。但其實德川家族收藏了不少村正鍛造的刀，因此妖刀村正的傳說，當作茶餘飯後的戲談就好，不用太過認真。

難道竹千代不是信長的鐵粉!?

松平家的家督橫死，而繼承人竹千代被誘拐到織田家，松平家陷入了空前絕後的危機。今川義元的軍師太原雪齋，當機立斷派兵前往岡崎城控住局勢，並活捉織田信秀的兒子，在一五四九年以人質交易的方式換回竹千代。竹千代在織田家當了兩年人質，關於這段經歷，不論小說、戲劇或是遊戲，經常過度美化幼年信長與家康的相處時光，說年僅十歲的家康在此時就下定決心追隨信長大哥。這個橋段確實很適合設計成戲劇高潮，但作為歷史推論的公信力就有限了。

筆者認為，對於竹千代來說，影響他童年時光的人並非織田信長，而是今川家的軍師**太原雪齋**以及**今川義元**。竹千代被軟禁在織田家的時代，他只是家督的嫡子，就算真的不幸遭殺害，他的父親也能另立繼承人。但是竹千代被送到今川家的駿府時代，他的父親已經橫死，竹千代是松平一族本家名正言順的繼承人。而今川義元統治領國的主軸是**寄親寄子制**，也就是藉由姻親或是擬定親屬的關係，拉攏當地最大勢力進行分層管理。對今川義元來說，廢黜竹千代會引起三河境內國人的不滿，不如將竹千代調教成今川體制下的肱骨重臣。

從被送到駿府受今川義元「**保護**」，直到桶狹間之戰後獨立為止，德川家康在今川旗下生活了十二年，而家康的元服名「**松平元信**」的元字，也是來自今川義元的名諱，他還娶了今川義元的外甥女築山殿為妻，就算被歸類為今川家的一門眾也不為過，可以想見今川義元相當看重這個年輕小夥子。

然而西元一五六〇年，發生了一件風雲變色的大事。今川義元戰死於桶狹間之戰，家康身為今川軍一員，決定選擇回到一族根據地——三河國**岡崎城**。隔年家康正式攻打今川勢力的城池，以戰爭來宣告自己和今川家一刀兩斷。西元一五六二年，家康透過生母娘家斡旋，與織田信長締結**清洲同盟**，仿效當年太原雪齋的計策，生擒今川家親族換回自己的正室築山殿以及長子。

但從桶狹間之戰到交換人質，足足過了兩年的時光，為什麼今川家不殺家康的妻兒作為懲罰呢？筆者認為，今川家一方面不想殺害和自己流著相同血脈的築山殿，一方面希望家康能夠回頭，與今川家重修舊好。

說起家康為了中興家業、獨立自主，而將妻兒留在敵營過著兩年提心吊膽的生活，這如果發生在現代社會的話，已經違反兒少法，應該趕快撥打反家暴專線才行。因此，儘管家康這麼做是迫於戰國亂世的無奈，此事還是種下了日後德川家康父子相爭的遠因。

「德川家康」的誕生

西元一五六三年，家康捨棄「元康」這個和今川義元有關的元服名，正式改名為

家康，並在日後花了大筆金銀向朝廷疏通，得到朝廷的允許，在西元一五六六年改姓「**德川**」，成為我們所知的德川家康。

為什麼家康要捨棄松平，將姓改為德川呢？這有政治上的考量。家康統一三河國時，很希望朝廷敕封他為「三河守」，如此一來，就能藉此向境內國人領主以及周遭鄰國宣示自己統治三河的正當性。但是松平家系只是一介國人，並非源平藤橘四大姓氏的後人，不夠格擔任三河守，家康便搬出第一代祖宗松平親氏的名號，聲稱家系可以向上追溯到貴族藤原一族。家康先是改姓德川，提出煞有其事的家系圖，輔以金錢攻勢，終於得償所願受封為三河守。順道一提，國人出身的家康，這次為了任官「三河守」而將家系追溯到**藤原**，日後為了要擔任「征夷大將軍」，家康又故技重施，將家系改追溯為**源氏**後代。

照理來說，此時已經進入講求實力主義的年代，受過新時代洗禮的秀吉與家康，為什麼非得和朝廷打交道不可呢？筆者認為，雖然固有的舊時代開始龜裂，但是傳統的思想以及典章，仍然根深蒂固地影響著基層。戰國時代看似是個下剋上的變動年代，但其實有許多地方還保留著傳統的階級思維。要打破行之有年的傳統，建立全新的體制，是一件非常困難的事。相較之下，在舊體制的框架下進行小規模的改革，不僅快速又不會受阻撓。這也是我們在研究日本戰國時代時，不能夠輕忽的重點。

家康與信長締結清洲同盟後，不管局勢再怎麼艱難，家康都不棄不離地為信長守住東方的防線。家康以織田方的戰略為大前提，在可發揮的空間內壯大自己的地盤，像是拉攏遠江境內的國人，削弱今川家的影響力。在信長的協調下，家康與武田信玄**協議瓜分今川領地**，雙方以大井川為界線，遠江交給家康攻略，駿河則交給信玄。

於是，家康與信玄同時在西元一五六八年十二月發兵，各憑本事攻略今川家的領地。今川氏真節節敗退，最後在岳父北條家的幫助下，安然引渡到北條境內，東海道的名門今川家滅亡。

家康併吞遠江國後，將居城由三河岡崎城轉移到遠江的**濱松城**，積極掃蕩遠江的反德川勢力。理論上來說，家康這時候應該好好治理新領地並厚實國力，但是戰國的亂世不容他這麼悠閒。西元一五七〇年四月，信長攻打朝倉家的途中，被妹婿淺井長政倒戈，織田軍倉皇撤退。信長千辛萬苦地回到京都重整局勢，隨即命令家康派兵協助攻打朝倉及淺井聯軍，在六月打了一場「姊川之戰」[1]。雖然信長包圍網的目標是織田信長，但家康和信長可說是**生命共同體**。家康也只能陪著信長一路戰下去，甚至在**三方原之戰**面對信長畏懼的強敵信玄。關於三方原之戰的詳細內容，請參考武田篇

1 織田信長遭妹婿淺井長政倒戈的兩個月後，信長聯合家康一起攻打淺井家，淺井

第三章。

長政也立刻向朝倉家討救兵，這場雙打賽稱為「姊川之戰」。從德川方的史料來看，織田軍被淺井軍打爆十一層戰線，幸虧德川軍英勇地對抗朝倉軍，終於挽回劣勢贏得戰爭；但從織田方、朝倉方的史料來看，這場戰役的影響並不大，朝倉在戰後還有餘力率軍攻入近江國。因此也有一派說法，德川方為了宣傳家康的英勇，特地抬升姊川之戰的重要性。

第二章

奉行老二哲學的苦悶家康君

武田信玄在三方原之戰獲勝之後病逝，武田軍開始往信濃撤兵。雖然信玄死前交代要對外隱瞞自己的死訊，三年後再舉辦喪禮，但武田軍不尋常的舉動，立刻引起了周遭諸國的注意。信玄病逝後不到一個月，家康就收到信玄重病或是死亡的消息，他決定率兵攻打駿河，確認情報是否屬實。面對家康的試探性攻擊，武田軍顯得消極應對，如此一來更讓家康確信強敵武田信玄已死。所謂「殺不死你的東西必定能讓你成長」，家康在三方原之戰後，命繪師畫下自己倉皇狼狽的模樣作為警惕，強悍的武田軍也成為德川軍學習的榜樣。德川家康就像是越挫越勇的鬥士，將失敗的經驗轉化為自己的養分。

依照通說的脈絡，信玄病逝之後，武田的家業由剛愎自用的「敗家子」勝賴繼承，而「英明神武」的信長率兵協助家康，在長篠之戰將武田軍打得落花流水。如果以上通說屬實的話，家康理應勢如破竹地併吞武田領地，但是一五七三年信玄病逝，到一五八二年武田滅亡的十年間，家康並未在戰場上取得壓倒性的勝利，這到底是怎

德川家康

「相同的招式對聖鬥士是沒用的！武田信玄引蛇出洞的計策，我已經學會了。」

麼一回事呢？

家康在信玄死後，隨即策反武田家臣並拿下長篠城。從北條一族的發跡史來看，抓準敵方世代交替的時機，發動文攻武嚇奪取領地，是極為正確的事。不過家康與勝賴，這兩位戰國大名都緊咬著對方纏鬥不休。平心而論，他們兩方的拉鋸戰，其實是勝賴比較佔上風。一五七四年五月，勝賴攻打遠江的戰略要地**高天神城**，家康先是向信長討救兵，但信長援軍姍姍來遲，家康只能眼睜睜地看著勝賴攻下高天神城，即使信長事後用黃金來補償家康，德川將士普遍對信長感到不滿。一年之後，勝賴發兵包圍長篠城，家康知道自己無法獨力對抗武田軍，再次向信長討救兵。關於勝賴在長篠之戰一敗塗地的細節，請參考織田篇的第四章。

家康在長篠之戰後趁勝追擊，拿回了遠江境內好幾座城池，勝賴的勢力範圍則退回東遠江的高天神城。但勝賴快速地重新整合內部勢力，向武田領國內所有家臣宣示「對抗織田德川的戰事，即是當家興亡之戰」，強化戰備並且增額徵兵。此時信長正在和本願寺周旋，沒有信長支援的德川家康，無法獨力吞下弱體化的武田勝賴。

說到德川與武田勢力的黃金交叉，其實和上杉、北條兩家大有關係。上杉謙信在西元一五七八年三月猝死，臨終之前並未指定繼承人。於是上杉家中爆發了名為「御館之亂」的繼承人大戰，謙信的姪子景勝在繼承人之戰獲勝，而北條家出身的繼承候選人最後兵敗自刃。在這場御館之亂中，北條家認為勝賴辜負了同盟國，憤而和武田家斷交。勝賴無法同時兼顧兩面作戰，只好將武田軍的主力押在對抗北條的戰線，因此家康在御館之亂後，才明顯地在遠江戰線佔上風。

為你點首《我難過》，家康的人倫悲劇究竟是誰的錯？

御館之亂結束的那一年，也就是西元一五七九年，德川家同樣發生了父子相爭的悲劇。關於此事件，十九世紀成書的《改正三河後風土記》描述家康的正室築山殿，與家康感情不睦。而家康的嫡子信康，迎娶了織田信長的女兒五德姬為妻，這兩人的感情也好不到哪裡去。五德姬發現自己的婆婆築山殿，與來自甲州的醫生暗通款曲，婆婆還慫恿自己的夫君信康，勾結武田勝賴顛覆德川家。五德姬立刻寫信向老爸告狀，信長一氣之下，命令家康殺了自己的髮妻和嫡子，德川家再也無法實現天倫之樂的美夢。痛苦掙扎的家康為了德川家的未來，悲情地高唱「我難過的是，放棄你、放棄愛、放棄的夢被打碎，忍住悲哀」，放棄妻兒、犧牲了心愛的家人。

不過，這起人倫慘劇的兇手，真的是織田信長嗎？從這個通說可以看到，主謀是**築山殿**，告密者是**五德姬**。德川信康受到牽連無辜而死，而家康那一年默默無言只能選擇順從。也就是說這個通說把所有的責任，推給築山殿和五德姬這兩位女性身上，身為男性的家康與信康父子皆是被害者，不禁讓人覺得事有蹊蹺。

如果把時間往回拉，江戶時代初期的德川家史料《三河物語》提到，織田信長收到女兒五德姬的告狀信，找來德川家的重臣酒井忠次對質。酒井忠次坦承自己知情，信長便命令酒井忠次傳話給家康。酒井忠次從安土城返回濱松城時，路經信康所在的岡崎城卻過城不入，讓信康知道自己即將大禍臨頭。這個版本中完全沒提到此案和築山殿有任何關係。

若再追溯年代更早的史料，尊經閣文庫所藏的《信長公記》提到「傳聞三河國岡崎的德川三郎信康意圖謀反，家康以及德川家的重臣，希望信長無須擔心，德川家會處理此事。並在八月四日將信康逐出三河」。現今流傳之各版本的《信長公記》中以尊經閣文庫版較為接近原始版本，但這一版完全沒提到「信長下令要求信康切腹」，而是信康打算對老爸家康發動政變，家康**主動表示**會好好處理此事。

在日本戰國時代，父子相爭並不稀奇，武田信玄曾經放逐自己的父親，也因為戰略方向不同而逼死自己的兒子；德川家康與兒子信康產生衝突，最後以信康自殺收場，這些都是戰國時代的悲哀。只是江戶時代為了替神君德川家康塗脂抹粉，甚至捏造「信長忌妒德川信康的才能優於自己兒子，所以命令家康處決信康」的抹黑言論。

本能寺之變天賜轉機——老二家康的崛起

西元一五八〇年信康自盡，家康積極地統合家中勢力，兩度出兵企圖奪回高天神城，並在一五八一年三月順利攻破高天神城。此時武田勝賴被釘死在關東戰線，未能救援高天神城，這讓勝賴身為戰國大名的威信頓時墜地，武田家隨之分崩離析。高天神城被攻陷的一年後，信長下令對武田家發動總攻擊，甲斐名門武田家滅亡。

但是上天似乎不希望戰國時代這麼快結束，半年後的一五八二年，信長遭部下明智光秀叛變，橫死於本能寺之變。這時候家康受邀到堺觀光遊覽，本能寺之變的消息傳到堺之後，家康連忙逃回自己的根據地。所謂危機就是轉機，家康帶著隨從狼狽地穿過伊賀國，一路上即使充滿傷痕也奮不顧身，因為下一站，就是家康的第二人生。

家康歷經了許多顛沛流離，武田信玄父子帶給他的痛擊和考驗，以及在織田信長的旗下小心翼翼地壯大家族，這些歷練讓他成為一個足以角逐天下霸主寶座的強者。

信長死於本能寺之變後，羽柴秀吉旋風般地擊敗弒主犯上的明智光秀，搶得了繼承信長志業的門票。此時離武田滅亡才過半年，昔日武田家的領地陷入一片混亂，家康當機立斷地採取攻勢、擴張勢力，雖然一度與北條家產生了利益衝突，但兩家在幾次征戰之後選擇握手言和。

家康在本能寺之變前，執掌三河、遠江，還有織田信長賜予的駿河。本能寺之變後的短短一年間，家康吸收了昔日武田領地的甲斐、信濃，成為掌握五國勢力的大名，並與東邊的北條家聯姻同盟。

秀吉與家康，這兩個人像是比賽短跑一般地死命擴張勢力。信長死後，織田旗下的四大重臣，齊聚一堂討論織田家的繼承人以及未來方向，史稱「清洲會議」。秀吉在會議上巧妙地利用擁立幼主這個冠冕堂皇的理由，取得上風。家康則拉攏織田信雄，在小牧長久手之戰的戰術面上擊潰秀吉，儘管秀吉最後靠著外交以及謀略取得勝利，但是也深刻地體會到家康有多難纏。此時秀吉已經快要五十歲，加上「天正大地震」的影響，秀吉的軍隊及糧草火藥受到重挫，若想在戰場上打贏家康，恐怕會陷入曠日廢時的長期戰爭。

不過秀吉和家康兩人都是身經百戰、眼光宏遠的戰略家，此時雙方表面上有默契地握手和解，其實私下正在比拚內力。本能寺之變的八年之後，秀吉以關白的身分向天下宣示，他是受到天皇委任管理天下之人。接著在**小田原之戰**擊敗關東強豪北條一族，讓日本全國的大名都從屬於他旗下，完成了統一日本的大業。關於小牧長久手之戰以及小田原之戰，詳見豐臣篇第三章。

小田原之戰後，秀吉將家康轉封到關東地區。但是秀吉的政權體系並不健全，加上他晚年對朝鮮發動戰爭，引發天下大名對於豐臣政權的不滿。家康耐著性子等待時機，從表面上看來，家康對待秀吉就像當年對待信長那樣誠懇又忠實。直到秀吉死後，家康終於可以一展身手。

第三章 關原之戰序章——直江狀

西元一五九二年，日本西國的將士在豐臣秀吉的命令下進攻朝鮮。此時在日本國內，豐臣政權的核心發生了一件大事，秀吉的外甥兼接班人關白豐臣秀次，先前因為涉及謀反的罪名而剃度蟄居高野山，最後自盡身亡。相傳是受到秀吉的命令，也有一說認為是秀次精神壓力過大崩潰。秀吉為什麼要對自己的外甥苦苦相逼呢？很有可能是因為秀吉將政權交給外甥之後，又生下了期盼已久的兒子，也就是日後的豐臣秀賴，許多疑心生暗鬼的風聲，讓這個原本就人丁單薄的豐臣家族從內部四分五裂。

五大老、五奉行——秀吉留下的制度

豐臣秀吉與秀賴這對父子檔，不僅父老子幼，就連少數可以依靠的親人都被秀吉逼死。為了維護豐臣政權，並且保護幼子秀賴，秀吉晚年設立了「**五大老**」與「**五奉行**」制度。

根據通說描述，五大老是臣屬於豐臣政權之下的五位有力大名，分別是**德川家康**、**前田利家**、**毛利輝元**、**宇喜多秀家**、**上杉景勝**，通說認為他們是政權的**決策者**。目前發現最早由他們連署的「御掟」，發布時間正好是豐臣秀次自盡的一個月後，除了這五個人之外，名單中還有**小早川隆景**，但是小早川隆景在幾個月後隱居，並且比秀吉更早辭世。而五奉行指的是以石田三成為首的五位官僚，他們奉秀吉的命令在全國執行檢地等行政工作，被認為是豐臣政權的政策**執行者**。不過，五大老與五奉行設立的時間以及職責權限都還有疑義。

依據阿部勝則先生的研究論文論述，秀吉晚年調整了好幾次政治架構。外甥秀次自盡之後，秀吉規劃了**東西分治體制**，委任家康負責東國，西國則交由與秀吉關係良好的毛利一族，也就是毛利輝元、小早川隆景負責。小早川隆景因健康不佳而隱居後，秀吉認為單靠毛利輝元的能力與威信不足以與家康抗衡，隨後又改為以德川家康、前田利家為核心的**兩大巨頭體制**，五大老的另外三個成員雖然與他們並列，但其實地位以及影響力有差別，再由這五大老來監督五奉行的施政。

一五九八年八月十八日，天下霸者秀吉病逝，厭戰且士氣低迷的將士終於可以從朝鮮戰場撤退。他們在朝鮮戰爭的蔚山城之戰中吃盡苦頭，又被秀吉責罰，一回國就想要找人算帳出氣。在秀吉死後，家康是豐臣政權旗下勢力最強者，他露骨地操作慶長文祿之役這個議題，並利用聯姻來擴大勢力，家康與奧州的伊達政宗、加藤清正、福島正則、黑田長政等人結為親家，這些人大多是在文祿慶長之役中賣命的武將。家康私自與大名聯姻，此舉違反了秀吉訂下的規矩，因而遭前田利家與奉行彈劾，可見秀吉設置的兩大巨頭體系有確實發揮牽制的作用。

先踢掉石田三成，再解決四大老

不過人算不如天算，前田利家才剛制衡家康，就在閏三月時病逝。相傳利家病死的隔天，在文祿慶長之役奮戰的七名武將率兵準備襲擊石田三成，而三成認為最危險的地方就是最安全的地方，決定前去請求家康的庇護。也有一說描述，三成藉由其他大名的協助逃往五大老的宇喜多秀家宅邸。最後雙方在家康的調停下和解，石田三成卸下奉行職位，回到領地的佐和山城**蟄居**。

為什麼這七名武將要襲擊石田三成呢？筆者認為原因有二。首先他們在朝鮮戰場吃盡了苦頭，只為了秀吉所揭示的「入唐」理想，但他們不能抱怨秀吉，自然將怨氣轉移到負責監軍的石田三成身上；其次，參加文祿慶長之役的大名都對自己的領地苛徵稅金且大量動員士兵，造成領地財政困難以及民生凋敝的問題，得到的卻只是「**待秀賴成人之後再論功行賞**」的敷衍回答。回顧昔日鎌倉幕府動員武士，抵禦蒙古軍的進攻，戰後卻無法給予獎賞，導致鎌倉幕府滅亡的歷史，從以上兩方面來看，在朝鮮戰場上受苦的武將，回到日本找石田三成開刀，也是無可奈何之事。

自石田三成離開政治中樞之後，家康更進一步地獨攬豐臣政權，他接下來的目標便是其他四大老。三成前腳才剛離開大坂，毛利輝元隨即與家康交換誓書，而輝元寫給家康的誓書寫著「把您當作父兄看待」，家康給輝元的誓書則是「把你當兄弟看待」，可見毛利輝元很識相地表示順從。

接下來家康把矛頭指向兩巨頭體制的**前田家**。一五九九年八月，前田家的新家督利長才剛返回領地，大坂就傳出他暗中策畫謀殺家康的謠言。有一派說法認為，這是德川家刻意放出的謠言，用意是要**逼前田家放低姿態辯解**；也有一派陰謀論認為，當時只有兩巨頭體制的前田家有能力牽制德川家康，因此這個謠言是由反德川陣營流出，目的是將前田家推上前線。無論背後原因為何，前田家決定向家康低頭，派遣利家的遺孀芳春院，也就是人稱「阿松」的戰國賢妻前往江戶當人質。

家康雖然勢力龐大，但他此時還是豐臣體系的家臣，當前田家選擇將人直送到家康的領地江戶，而不是豐臣秀賴所在的大坂，此舉即是象徵前田家已經**歸順家康**。

西元一六〇〇年正月，宇喜多家發生內部派系鬥爭而衰退。家康的最終目標只剩下五大老的上杉景勝，此時上杉景勝回到領地，興建城池並修築道路橋樑，家康看準這點，指責上杉景勝意圖謀反，要求上杉景勝前來大坂說明。有鑑於前田家的先例，上杉景勝眼前只有**歸順家康**，或是**反抗家康**這兩個選項。

上杉景勝身上雖然流的是長尾家的血，但前一代家督謙信繼承名門山內上杉家，以關東管領的身分威震全日本。景勝本著名門的矜持，不願向家康低頭，相傳上杉景勝的愛將直江兼續寫了一封回信，嚴厲駁斥家康的質疑，世人稱之為「**直江狀**」。

現存的直江狀有好幾個版本，但文中用詞均與時代不符，因此學界普遍認定現存的直江狀是偽書。學者今福匡研究德川家留存的書信時發現，直江兼續確實曾回了一封書信給家康，讓家康非常憤怒，留在中央的其他五奉行成員上書給家康，稱直江兼續是不懂禮法的鄉下武士，試圖緩和家康的怒氣。從這些紀錄上來看，直江狀確實存在，只是現存的直江狀是後世所抄寫的版本。最早的原本可能已經亡佚。

西元一六〇〇年六月十五日，豐臣秀賴賜予家康軍資金萬兩以及軍糧二萬石，同意家康發兵攻打上杉景勝。說起關原之戰，大家的印象應該是**豐臣家**與**德川家**的對決，但此時德川家康名義上還是豐臣的家臣，他高舉著守護豐臣政權討伐內亂的名義出兵，因此家康必須先得到豐臣家的認同。而對豐臣政權來說，這場戰爭只是**家臣之間的內鬥**，豐臣政權的核心不願過度干涉。

第四章 關原之戰終章——一日之間決勝負

眼見戰爭一觸即發，無論是德川家康或是上杉景勝，都知道新時代的戰爭不能光靠自己的力量，必須盡可能地拉攏日本國內的其他大名。上杉家的重臣直江兼續此時積極地與石田三成聯絡，正因為如此，無論是影視或是小說創作，常提到石田三成與直江兼續共謀，引誘家康攻打上杉家，三成再從關西舉兵，一起夾擊家康。以石田三成為軸心，聯絡西國的其餘勢力加盟反家康陣線。

石田三成跟隨在豐臣秀吉身邊，一起經歷過中國大返還、山崎之戰、小田原之戰等大戰役，深知外交戰的重要性。三成透過毛利家的外交僧**安國寺惠瓊**交涉，成功說服毛利輝元加入西軍，讓**毛利輝元**擔任西軍的總大將。

為什麼西軍核心人物石田三成不是西軍總大將呢？

首先三成還是蟄居之身，而且他的地位和家康相差太遠，領地與軍隊動員力都遠遠不足。除此之外，秀次自盡之後，秀吉曾打算讓毛利輝元與同樣系出毛利家的小早川隆景共治西國。筆者認為，石田三成很有可能利用這個往事和毛利交涉，況且毛利

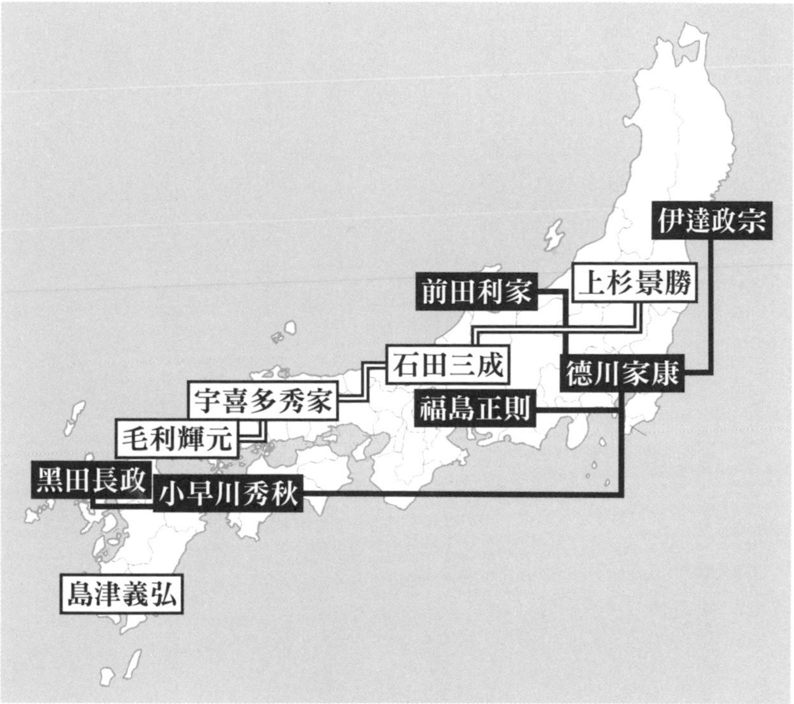

關原之戰（1600）

家的外交僧安國寺惠瓊，正是本能寺之變後促成毛利家與秀吉談和的關鍵人物，他對毛利、豐臣的影響力都很大。江戶時代編撰的史書《武家事記》提到「石田三成表示，豐臣秀賴公元服之前，天下政事交由毛利輝元公執掌」。雖然這個說法缺乏其他史料佐證，但是退一步來看，倘若毛利輝元沒有爭權之心，就算安國寺惠瓊與石田三成說破嘴也沒用。

家康離開大坂的一個月後，毛利輝元在七月十七日進入大坂城，成為西軍名義上的總大將。毛利家素以團結一心著稱，昔日毛利輝元的兩個叔叔繼承吉川家、小早川家，齊心合力輔佐毛利本家，人稱「**毛利兩川**」。只是非常可惜，此時的毛利、吉川、小早川已經不是堅固的黃金三角，第二代「毛利兩川」的**吉川廣家**、**小早川秀秋**兩人反而成為西軍戰敗的關鍵人物，這一點我們留待後面再詳述。

石田三成率先動作；家康謹慎打外交戰

五大老的毛利輝元、宇喜多秀家加盟西軍之後，石田三成隨即聯合其他奉行發表彈劾書《內府違命事項條列》，向全日本的大名嚴斥家康種種妄為，並且先發制人地發兵攻打家康在京畿的據點伏見城。七月二十四日，三成的彈劾書以及伏見城被包圍的消息傳到德川陣營，此時德川軍與其他大名的軍隊正駐紮在小山，隔天召開**小山會議**。家康煽動與三成不合的福島正則，順利穩住軍心並決定回頭攻打西軍陣營。

常言道兵貴神速，老練的家康卻一反常態，在小山會議解散後，命兒子秀忠率領部分軍隊監視上杉軍動態，自己回到江戶城停留了整整一個月。關於這段歷史，江戶時代編撰的史料千篇一律地讚揚家康智珠在握，天下大事都早在他老人家的算計當中。但事實非並如此。

人的立場一旦改變，煩惱和視角也會隨之不同。關原之戰和家康經歷過的戰爭不同，這是一場賭上身家性命的大戰。謹慎的家康花了一個多月的時間，不斷地廣發書信給天下大名打外交戰。目前所知範圍當中，德川家康共發了一百二十二封書信，其中有五十九封是寄給東海道的大名，占總信件的五成；二十六封發給關東及奧羽的大名，要求他們協助牽制上杉景勝，占總信件的兩成。從這一點可以了解，上杉景勝與石田三成的聯合戰略，還有彈劾書《內府違命事項條列》，對東軍的打擊有多大。倘若家康輕率地率領大軍西上反攻，只要東海道任何一個大名倒戈西軍，德川軍會立刻遭逢兩面夾攻。孫子兵法云：「多算勝，少算不勝，而況無算乎？」德川家康的強大之處，在於他在開戰之前，就將局勢導向對自己最有利的情況。他從不隨便出手，總是先布好最有利的局勢之後，催動內力要對手一招斃命。

家康在江戶城中打外交戰的同時，東軍將領已經率軍進入尾張，眼見家康遲遲不出兵，性急的東軍將領開始抱怨，家康只好派使者要求東軍將領以實際行動表現決心，這一招也足見家康的城府以及戰略，家康不用花費自家的糧草或是軍力，就能驅使東軍將領清除路上障礙，以免重蹈當年織田信長攻打朝倉家之時，猛然被淺井長政倒戈的覆轍。八月二十三日，福島正則攻下美濃岐阜城，此城的大將是信長嫡孫，也就是昔日在清洲會議中被推舉為織田家家督的三法師。織田信長的嫡流在此戰之後正式滅亡。

得知福島正則等人攻下岐阜城，家康終於可以放心帶兵沿著東海道進軍，他在九十三日進駐岐阜城。家康同時命令兒子秀忠，帶軍隊經由中山道進軍，但秀忠在上田城受真田昌幸父子所阻，直屬德川家的三萬八千軍力就這樣被卡在中山道上。家康只能靠著三萬二千德川軍，率領其他東軍部將展開決戰。

另一方面，石田三成原本打算以**岐阜城**與**大垣城**為防禦線，將東軍鎖在尾張與美濃邊境，號召上杉、真田等軍隊從背後夾擊東軍。沒想到堅固的岐阜城竟然被東軍攻下，家康在九月十四日率軍進入美濃。同日，西軍的小早川秀秋也突然佔據關原盆地南邊的松尾山，並趕走山上的友軍，小早川秀秋很有可能在這時候就已倒戈東軍。

眼見防禦線被攻破，加上小早川秀秋行動可疑，石田三成改變戰略，採取關原盆地包圍戰。他在九月十四日深夜，率兵從大垣城移動到關原，與毛利、宇喜多軍會合，迎戰德川家康。反觀江戶時代的俗說，將三成描寫成不懂戰爭又膽小自私之人，並敘述家康命人造謠東軍要攻打三成的佐和山城，所以三成選擇從大垣撤退往關原。

秀吉子弟兵內鬥，不勝唏噓

西元一六〇〇年九月十五日，以德川家康為首的七萬四千東軍，以及以石田三成為首的八萬四千西軍，在美濃國關原展開決戰。西軍在前一天深夜先行布陣，駐軍在關原盆地周遭的山麓地區，打算將東軍引入中央盆地後一舉包圍，後世的學者稱之為鶴翼之陣。早上八點左右，德川四天王的井伊直政向西軍開槍射擊，揭開了戰爭的序幕。但是很諷刺的是，從早上八點到十二點之間，實際在中央戰場上作戰的軍隊，幾乎都是秀吉當年視為己出，苦心栽培的家臣。

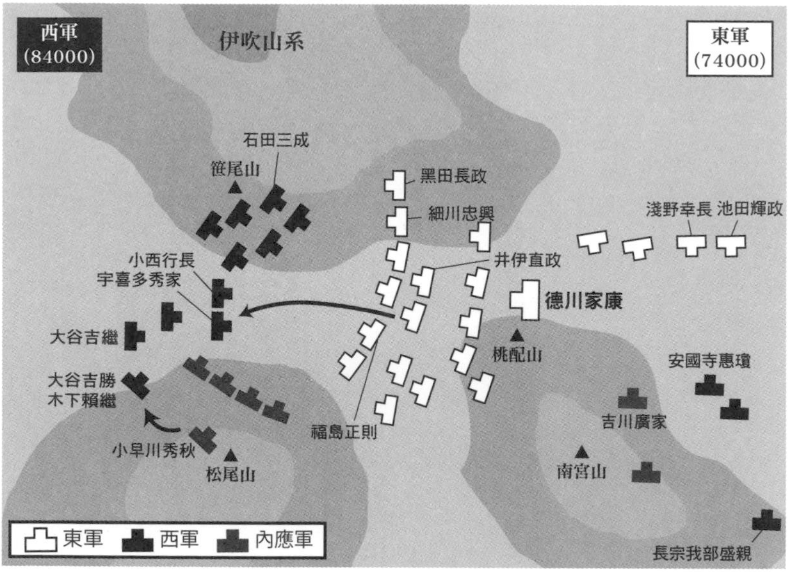
西軍
(84000)
伊吹山系
東軍
(74000)
石田三成
笹尾山
黑田長政
細川忠興
淺野幸長
池田輝政
小西行長
宇喜多秀家
井伊直政
德川家康
大谷吉繼
桃配山
安國寺惠瓊
大谷吉勝
木下賴繼
吉川廣家
福島正則
小早川秀秋
松尾山
南宮山
東軍
西軍
內應軍
長宗我部盛親

關原之戰東西軍布陣圖

西軍的**宇喜多秀家**是秀吉的養子，他在文祿慶長之役中，與其他武斷派武將一起受苦，但依舊選擇協助石田三成；**小西行長**是商人之子，他在文祿慶長之役也立下不少戰功，當時他不惜欺騙秀吉，極力停止朝鮮戰爭；**石田三成**是這場戰爭的大將，理論上大將的軍隊應該駐守後方發號施令，但他的部隊打從一開戰就被敵軍鎖定圍攻。至於東軍的**福島正則**、加藤嘉明，兩人和石田三成都是自幼受到秀吉栽培；細川忠興、**黑田長政**，在小牧長久手之戰中皆屬秀吉麾下。

上午十一點左右，石田三成燃起狼煙，要求駐守戰場西側南宮山的毛利軍（吉川廣家、安國寺惠瓊率領的毛利軍勢），還有南側松尾山的**小早川秀秋**發兵下山，只要這兩隊加入包圍戰，西軍就能取得勝利。但是吉川廣家刻意封鎖山路，不讓友軍下山支援，小早川秀秋更露骨地高舉反旗，率領一萬六千軍隊攻打同為戰友的大谷吉繼。小早川秀秋率領的大軍，打破主戰場的拉鋸戰，讓戰況一口氣地倒向東軍，宇喜多秀家、石田三成兵敗撤兵。決定天下局勢的大戰，在僅僅一天之內定出勝負。決定關原之戰主戰場的關鍵，可說是總大將毛利輝元旗下的「**毛利兩川**」——吉川廣家與小早川秀秋。吉川廣家在戰前就不看好西軍，但是毛利本家的毛利輝元已經進入大坂城擔任西軍總大將，吉川廣家只好表面上順從西軍，卻在私底下向德川家康投誠，希望能夠藉此保護毛利本家。

被斥為叛徒的小早川秀秋情況更加複雜，他原本是秀吉的外甥，曾經一度被秀吉收為養子，隨後又被送到小早川家當養子。攻打朝鮮時，小早川秀秋因為違反軍紀而被沒收部分領地，在家康的斡旋之下才渡過難關。

不論對東軍或是西軍來說，小早川秀秋都是一個難以掌控的人物。俗說描述小早川秀秋受到東西軍雙方的攏絡，遲遲無法下定決心要跟隨哪一方，家康遂命鐵砲隊向小早川軍發動威嚇射擊，迫使小早川秀秋倒戈東軍。但根據現代實驗，鐵砲隊的威嚇射擊聲響根本無法傳到小早川軍本陣，證明這個說法是子虛烏有。

除此之外，根據石田三成的書信記載，三成原打算讓毛利軍駐守在松尾山，並事先派兵在松尾山上建造防禦工事。但是小早川秀秋在關原之戰前一天，搶先進駐松尾山並趕跑山上的守軍，從這方面來看，小早川秀秋**在開戰之前便已倒戈**東軍。但是大戰迫在眉睫，石田三成努力說服小早川秀秋回心轉意，並答應戰後推舉小早川秀秋就任關白。

俗說中的小早川秀秋，是一個敵我兩方都討厭的愚痴之輩兼背骨叛徒，但是如果從小早川秀秋搶先佔據松尾山的紀錄看來，小早川秀秋說不定是個大膽的賭徒！

嚴格來說，關原之戰是豐臣政權下的內鬥，昔日秀吉苦心栽培的棟梁之才，竟然在主戰場廝殺得你死我活，落入家康的陷阱當中。打從秀吉死後，家康便以五大老筆頭的政治優勢，巧妙地利用朝鮮戰爭時文治派與武鬥派的對立，在關原之戰後取得獨攬豐臣政權的權力。戰爭只是第一步，接下來的戰後處理才是維持優勢的重要關鍵。

第五章

豐臣滅絕計畫——大坂之陣

提到決定天下局勢的關原之戰，除了現今岐阜縣的關原主戰場之外，東北、北陸以及九州地區都有零星的戰役。關原之戰後，德川家康以戰勝者的身分，代替豐臣政權行使賞罰。戰爭主謀的石田三成、毛利家的外交僧安國寺惠瓊被斬首示眾。五大老中有三人在關原之戰加入西軍，上杉景勝被大幅刪減領地，從一百二十萬石領地變成三十萬石；宇喜多秀家的五十七萬石領地被全額沒收，被流放到外島；至於毛利輝元身為西軍總大將，情況特別複雜。

毛利兩川的吉川廣家在戰前就向家康投誠，且事先為毛利本家說情，希望戰後不要處罰毛利本家。但是毛利家的領地實在太大，加上領地位在本州西部地區，家康擔心夜長夢多，最後大筆一揮，將毛利的領地從原本的一百二十萬，縮減到二十九萬石。一心想要保住毛利的吉川廣家，反而成了陷本家於不義的叛徒，真的是啞巴吃黃蓮，有苦說不出。

善用利益分配鞏固地位的「征夷大將軍」

關原之戰後，德川家康掌握**六百多萬石的無主領地**，足以拿來收買人心、鞏固實力。家康心裡很清楚，這次能打贏關原之戰的最大原因，是因為家康成功得到**反三成派**大名的支持，而這些人的領地大多在東海道上。家康便用九州以及中國地區廣大的無主領地作為香餌，誘使這些受到秀吉栽培的將領乖乖地跳進他的**調虎離山之計**。家康順利地將東海道的戰略要地分封給自己的兒子與家臣，確保關東到京畿的這條大動脈暢通無阻。

以企業觀點來比擬的話，家康原本只是擁有三河境內幾家店鋪的加盟店長，在關原之戰前擁有了關八州絕大部分加盟店經營權，竟然占了全國總店鋪的百分之十二，成為難以小覷但也不能輕易拔除的勢力。在關原之戰後，家康藉著論功行賞，用利益分配的方式攏絡全國各地的大名，自己也拿下全國總店鋪百分之二十一[2]的加盟店。比起一躍跳上統治者寶座，家康用鴨子划水的方式，掌握了實權。

家康藉著戰爭以及賞罰，穩固其**豐臣政權首席**的地位。但是有一個隱憂——一旦家康亡故，治國的權柄又會回到豐臣家手上。直到關原之戰三年後的西元一六〇三

2 依照太閤檢地的結果，日本全國的總石高約有一千八百五十萬石。家康在關原之戰前的領地為二百五十五萬石，戰後躍升為四百萬石。

年，家康受朝廷冊封為**征夷大將軍**，名正言順地成為武家之首。秀吉當年因為血緣限制，以文官體系的「關白」之名統治天下。家康此次受封「征夷大將軍」，一方面可以避免與豐臣體系正面衝突，二來透過朝廷的認可，讓天下百姓知道德川家足以和豐臣家平起平坐，並在兩年之後將征夷大將軍交棒給兒子秀忠，宣示德川家將世襲武家棟樑的地位。

有一種說法認為，家康創立幕府的時候，打算走**政治軍事二元制度**，也就是待豐臣秀賴成年之後，由他以「關白」的身分統領朝政；德川家則以武家棟樑「征夷大將軍」的身分，掌管軍事。但是筆者並不認同這個說法，因為家康在關原之戰後，主導論功行賞以及獎懲的權柄，重新劃分領地給天下大名。而中世的武家體系建立於**御恩**與**奉公**的基礎上，對於大名來說，豐臣政權是名義上的頂頭上司，但實際給予領地的德川家康才是他們認同效忠的對象。在那個政權和軍權還無法脫鉤的時代，個人認為豐臣與德川的「政治軍事二元制度」有許多難以執行之處。

挑戰豐臣政權的暖身賽

德川家康這時候名義上還是豐臣家的家臣，他花了五年的時間，奠定自己的威信並世襲征夷大將軍，接下來就是測試天下大名對德川家的忠誠度。家康命令各大名協助建立城池，西從京都的二條城開始，沿著東海道修築了名古屋城、駿府城兩大據點，直到關東的江戶城。天下大名為了討家康歡心，就算財政困難也要出錢出力。舉例來說，蓋名古屋城的時候，福島正則就曾經抱怨「為什麼家康兒子的城都要算在我們頭上？」另外，九州鍋島藩為支援家康修建城池，造成領地財政緊縮，曾經暫時讓藩士減薪三成來共體時艱。

臺灣首富曾說「我經營企業四十年來，從來沒有強迫員工加班」，相信德川家康一定也有同感。家康從來沒有強迫任何一個大名出錢出力修築城堡，只是如果誰不自動自發一點，難保不會成為下一個被清算的目標。

家康號召天下大名協助築城，不僅能有效地削減各大名的財力，還加強了京畿到關東的堅固防線，並且成功地讓天下萬民以及大名知道，德川家具有高於豐臣政權的號召力以及**實質影響力**。家康成功削弱天下大名的財力之後，接下來瞄準豐臣政權的大本營——大坂城城內龐大的金庫。家康以「盡孝」為由，積極建議秀賴重修當年秀吉興建的方廣寺大佛殿。

西元一六一一年，後陽成天皇退位，由後水尾天皇繼承皇位。德川家康與兒子秀忠前往京都觀禮，家康趁著這個機會，要求豐臣秀賴前來京都二條城會面。秀賴前往二條城會面時，由當年受秀吉栽培的加藤清正、福島正則，以及秀賴的傅役[3]片桐且元擔任護衛。這個歷史性的會面，背後必然存在許多算計，家康以前任將軍（**大御所**）的身分，在德川家修築的城池中招待豐臣秀賴，意圖透過會面的儀式，宣告德川家不再是豐臣的家臣，雙方已經是平起平坐的地位。而對於豐臣家來說，是利用這個機會向京畿的朝廷、公卿以及當年秀吉栽培的大名宣示，秀賴身為豐臣家第二代接班人的威儀。後世編撰的史書《明良洪範》記載，秀賴身材高大壯碩，家康認為秀賴不會甘於人下。

德川與豐臣兩家的代表人物會面之後，雙方在水面下的角力日漸激烈。家康要求各個大名提出誓書，保證絕不違反德川幕府的命令。豐臣家則在直屬領地內舉行檢地，清查整理出可以用來封賞的土地，並動用秀吉留下的龐大資金招兵買馬。

西元一六一四年，德川家正式對豐臣家發動攻勢。這時候家康已經高齡七十二

3 傅役是擔任輔佐、教育武家繼承人的重要人物。通常由家中的重臣來擔任。

歲，儘管家康已將幕府將軍之位交棒給兒子秀忠，但假設家康在此時過世，德川家能否繼續保持優勢，終究還是未知數。

不過話說回來，雙方開戰的原因其實很荒謬。家康原先勸豐臣秀賴重修京都方廣寺，秀賴花了大筆經費鑄造大佛以及梵鐘，準備要執行大佛開光供養儀式前，卻遭到家康的阻撓。家康旗下的御用學者林羅山，指責鐘銘文「**國家安康**」及「**君臣豐樂，子孫殷昌**」別有用心，「國家安康」四字截斷家康的名諱，意圖詛咒德川家康；「君臣豐樂，子孫殷昌」則是象徵豐臣代代為主君，子孫繁榮。

豐臣家派出秀賴的傅役片桐且元前去向家康解釋，但吃了閉門羹。而秀賴的母親淀殿（織田信長的妹妹阿市與淺井長政的女兒，大河劇《戰國三公主》的大姊茶茶）另外派了大坂城中侍女首席人物——大藏卿局前往駿府解釋。家康不願見豐臣的外交代表片桐且元，卻親切地接見大藏卿局，表示秀賴的妻室千姬是家康的孫女，他不會危害自己的孫女婿，一切都是佞臣從中作梗云云。等到片桐且元與大藏卿局都回到大坂之後，兩人提出了截然不同的交涉結果，家康成功地透過**離間計**，陷片桐且元被視為勾結家康的佞臣。

而家康的離間計能夠如此順利，主因在於豐臣政權的決策核心雖然名義上是秀賴，決定權卻掌握在淀殿與她的親信手中，熟悉軍務的實戰派重臣又缺乏發言權。西元一六一四年十月一日，受猜忌的片桐且元黯然離開大坂城。隔日秀賴向天下大名以及浪人廣發徵召令，要求他們發兵協助。

大坂冬之陣——大坂城五人眾力挽劣勢

戰國亂世的休止符「大坂之陣」序章「**大坂冬之陣**」，正式開戰。

面對德川家在外交上接連挑釁，沉不住氣的豐臣家主動掀起戰端，家康與秀忠父子順勢要求天下大名出兵包圍大坂城。從關原之戰到大坂冬之陣的十四年間，家康已經培植了威信以及凌駕於豐臣家的影響力，當天下大名同時收到豐臣與德川的命令時，不管心中願不願意，所有大名都為了保住家業，響應德川家的號召。當然也有部分勢力兩面押寶，暗中協助豐臣家，此為戰國亂世之常理。至於豐臣家則仍活在昔日秀吉的榮光之下，滿心期待萬人響應，結果只有浪人到場。

十四年前關原之戰的戰後處理，讓許多武士及大名失去領地成為浪人，這些人在德川政權下註定沒有翻身的機會，紛紛進入大坂城打算賭一把。其中有昔日四國的大名**長宗我部盛親**、五大老宇喜多秀家的部下**明石全登**、出身黑田家但和主君黑田長政鬧翻的勇將**後藤基次**、昔日秀吉的親衛隊黃母衣眾之子**毛利勝永**，以及被譽為是日本三大悲劇英雄的**真田信繁**（又稱真田幸村）。這五人合稱為「**大坂城五人眾**」。

相傳豐臣方的「大坂城五人眾」曾提出野戰的戰略，先攻下日本兩大政治中心之一的京畿，以宇治川為防線與德川軍對峙，再伺機說服天下大名投靠豐臣家。但是老練的家康早就預想這一步棋，因此在關原之戰後，家康已在伏見、京都等處修築城池，以保衛京畿要地，畢竟織田信長、豐臣秀吉都是靠掌握此要地而飛黃騰達，家康自然不會輕忽。況且京都南方大和國的藤堂高虎，是豐臣家臣中率先投誠家康之人，如果京畿附近發生動盪，他一定會立刻反應。

大坂城不僅是秀吉修築的名城，此處也是讓信長頭痛長達十年的石山本願寺根據地，當時的大坂城東側充滿了難以進攻的沼地，讓豐臣方最後決定打守城戰。

西元一六一四年十二月，以家康為首的二十萬德川軍重重包圍大坂城，對抗豐臣家的十萬軍隊。德川軍的編制有一件耐人尋味之事，昔日在關原之戰支持家康的豐臣系重臣，包含福島正則、黑田長政、加藤嘉明都被滯留在江戶城，由他們的第二代領兵參戰。因為這些接受過秀吉照顧的豐臣系重臣，一旦在前線倒戈或是消極抗命，都可能讓大坂之陣翻盤，但是他們的第二代對豐臣政權沒有革命情感，從這點可以看出家康的謹慎。

經過了半個月左右的包圍戰，德川軍無法取得決定性的優勢，甚至在十二月四日大坂城南方的「**真田丸**」戰局失利。

大坂城東邊有沼地、北邊有河流、西邊有內海，僅南方有一道空壕與台地。真田信繁在包圍戰開打前，請命在此建造名為真田丸的防禦工事。所謂的真田丸是一座沿著小丘所興建的防禦工事，形狀是朝南方突出的半圓形城寨，城寨每隔三十公分設置一座鐵砲銃眼[4]作為防禦。真田丸北邊通往大坂城，在其餘三側外圍設有空壕，壕溝的外圍設有柵欄，而壕溝與真田丸中間亦設置柵欄阻撓敵軍進攻。

十二月四日清晨，真田信繁成功挑釁德川方的前田軍，誘使前田軍往真田丸發動攻擊。而德川旗下的其他部隊，為了不讓前田軍獨佔功勞，也相繼出兵攻向真田丸。面對這座布滿槍炮的城寨，德川方的前田軍以及緊接而來的井伊軍，遭到真田丸、大坂城守軍長宗我部軍的兩面夾擊。前有猛烈的火網，後方的退路又被友軍堵得水洩不通，導致德川軍在此戰局敗陣，傷亡人數相傳達到一萬人。

縱使豐臣家在真田丸之戰取得局部勝利，依然無法扭轉局勢。家康運用外國傳入

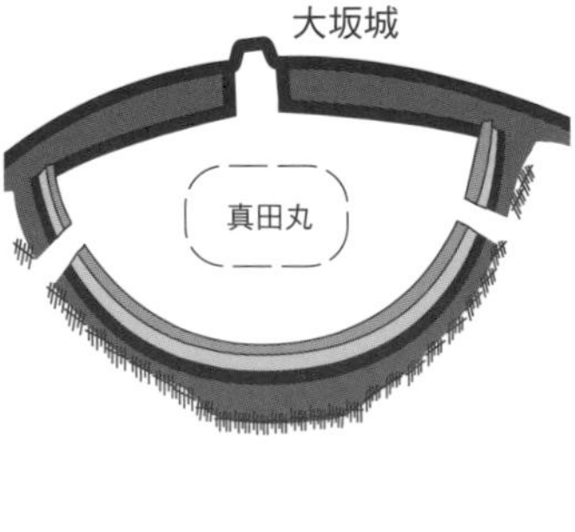

真田丸簡圖

4 銃眼：設於牆上，觀察城牆外側狀況及射擊的洞孔。

的大炮，配合接連不斷的火槍射擊，採取疲勞轟炸戰以削弱城內的抗戰意志。十二月十六日，德川軍的炮彈直擊大坂城天守閣，打爆淀殿所剩無幾的戰鬥意志。隔日十二月十七日，天皇派遣敕使調停，家康知道距離戰勝只剩下一步，他強硬地拒絕了朝廷的調停。而且家康要的是，德川家**靠著自己**的威勢迫使豐臣家屈服，不希望留下朝廷介入的口實。

天皇派出的敕使無功而返，隔天德川與豐臣展開和談，雙方達成協議並交換誓書，結束了大坂冬之陣。和談有三項條件，豐臣家必須填埋大坂城內所有護城河表示誠意，並向德川家提出人質，德川家則不追究大坂城內所有將士的戰爭責任。而且理論上應該由豐臣方自己填埋護城河，但是德川方卻很「親切」地命令所有參戰部隊派出人力幫忙，短短一個月之內，大坂城內的防禦工事皆被夷平，只剩下華麗但孤單的大坂城本丸，象徵著豐臣家走向日暮。

西元一六一五年三月，家康向秀賴提出兩個方案「解雇大坂城內的浪人眾」或是「放棄大坂，轉封領地到大和或是伊勢」。對豐臣家來說，**解雇浪人**相當於放棄武力，已經無險可守的豐臣家只能任人宰割；而**接受轉封**並臣屬於德川旗下，這可能是家康對孫女婿秀賴最後的慈悲。但是就算秀賴接受這個條件，德川幕府第二代將軍秀忠勢必會百般刁難他，這一點可以從大坂之戰後，秀忠找藉口積極剷除外樣大名的行動得到證明。

大坂夏之陣——豐臣政權的終焉

西元一六一五年四月五日，秀賴拒絕家康的提案，隔日家康即對天下大名發出動員令。大坂之陣的終章「**大坂夏之陣**」在此揭開序幕。

此時大坂城已喪失防守戰的機能，豐臣軍只能主動出擊，提前佔領戰略要地，挾地利優勢擊破德川軍。德川軍預定走生駒山脈之間的谷地，進入平原地帶向大坂進攻，這一條谷地的出口是豐臣軍反攻的希望。

豐臣軍「大坂五人眾」長宗我部盛親、大坂城內的美男子武將木村重成，一同駐守北側川原地帶；後藤基次與明石全登率領先發隊；真田信繁與毛利勝永率領後援隊，約定在五月六日清晨在道明寺會合，一起進軍谷地的出口，以封鎖德川軍。

但是豐臣軍受到大霧影響，行軍速度大幅延遲，先發隊抵達道明寺之時，發現已有部分德川軍通過谷地。後藤基次決定在谷地出口的小松山單獨抵抗敵軍，奮戰六小時後寡不敵眾戰死。直到中午，真田信繁與毛利勝永的部隊才姍姍來遲地抵達道明寺，此時後藤基次已經戰死，德川軍的前鋒亦通過谷地進入到平原地區。不過在平原地區有幾座像是小丘陵一樣的古代天皇陵寢，真田信繁利用此處的地形，阻擋德川軍前鋒的攻勢，並成功擊退伊達軍，讓友軍能夠順利撤退。

西元一六一五年五月七日，德川軍分成由家康、秀忠率領的兩大軍團，從南方攻擊大坂城，家康軍團從天王寺口進攻、德川秀忠軍團從岡山口進攻。豐臣軍的真田信繁、毛利勝永對抗家康軍團，秀忠軍團則交由豐臣直屬部隊。

真田信繁與毛利勝永打算將敵軍引到天王寺之後，再左右夾擊敵軍。但是毛利勝永的部下耐不住性子，率先向德川旗下的本多軍開火。天王寺口戰區陷入大混戰，真田信繁與毛利勝永只能靠自己的臨機應變來奮戰。兩將率領著士兵向前衝鋒，像是合作無間的兩把快刀，刺穿家康本陣前的大軍。毛利勝永接連突破德川軍的兩道防線，緊咬著死守在家康本陣前第三道防線。真田信繁則採用波段攻擊，衝破家康率領的一萬五千軍隊，攻入家康本陣。不過，身經百戰的家康早已經在旗本的保護下撤退。

功敗垂成的真田信繁在撤退途中戰死。毛利勝永知道突襲失敗之後，帶著殘兵撤回大坂城。而岡山口的豐臣直屬部隊也未能順利攻破秀忠軍團。下午四點，豐臣軍的失敗已成定局，豐臣政權的象徵大坂城也化為火海。秀賴命人將家康的孫女千姬送回德川軍，希望能夠換來一線生機，但是為時已晚，隔日西元一六一五年五月八日，秀賴與母親淀殿在大坂城內的山里曲輪內自盡。戰國亂世在這一天正式畫下句點。

大坂之陣結束之後，德川幕府陸續頒訂「一國一城令」、「武家諸法度」、「禁中並公家諸法度」。不僅箝制日本各地藩主的軍事力量，就連天皇、公卿也得依照德川所制定的規矩走。隔年家康病逝，日本進入即將安定二百六十多年的江戶時代。

德川幕府迎向江戶時代

本書的最後，讓我們看看天下人之一的德川家康，如何重新整頓日本。筆者在一開始以企業組織做比喻，最後就再用此概念為戰國時代做個總結。在豐臣篇提到，秀吉因為不是源氏出身，只能買通在地下室吃冷飯的皇親國戚，秀吉選擇走公卿路線，以公卿頂點的關白之名，統御全天下的加盟店派系（**武家關白**）。可惜秀吉自廢武功，不僅發動戰爭攻打朝鮮，逼死了自己的外甥秀次，這些行為讓豐臣系的大名感到失望。此外，關白職位也還無法正式交接給自己的親生兒子秀賴。

等到秀吉死後，德川家康藉由**關原之戰**，掌握了日本全國各派系加盟店。家康先丟出香餌，將豐臣秀吉栽培的豐臣系大名轉封到各地，至於從**京畿**到**關東**這之間的加盟店，都交給自己的兒子和親信管理。家康在朝廷的許可之下，建立了「江戶幕府集團」，以執行長（**將軍**）的身分代替名譽董事長（**天皇**）管理日本絕大部分的加盟店。

此時豐臣一族被鎖死在公卿體系，成為擁有領地但不屬於江戶幕府集團的特別存在。所謂一山不容二虎，江戶幕府集團的前後兩任執行長家康與秀忠，在大坂之陣殲滅了豐臣家。從此之後，德川一族以**江戶幕府集團**執行長的身分，統御全國加盟店。直到**明治維新**之後，名譽董事長（**天皇**）才重新拿回治理天下的實權。

後記

本書從室町幕府的舊體制開始說起，為各位讀者解釋室町幕府如何透過室町殿、鎌倉府這兩大政治中樞，治理全日本的武士集團。前半段的武田、上杉、北條三家，都是在這個舊體制下活躍的英雄人物。這時候的日本戰國時代，雖然標榜實力主義，陷入了群雄割據的戰局，但其實他們還是在室町幕府這個舊體系框架之下，努力往舊體制的高層邁進。

直到織田信長瓦解室町幕府，打破固有舊體制。但信長採取獨裁統治，生前還來不及建立管理天下的新體制，因此日本在他死後再度陷入群雄割據的局面。

下一個權力者豐臣秀吉，因為他出身血統的關係無法開設幕府，便採用權宜之策，以公卿之名行武家政權之實，稱為武家關白。但是戰國亂世是「槍桿子裡出政權」的時代，豐臣秀吉死後，他的後繼者豐臣秀賴困在公家與武家的尷尬地帶。統御天下的人理論上是豐臣家少主，但實質上的武家首領早已變成德川家康。

德川家康在政治與軍事上雙管齊下，以德川幕府體制殲滅豐臣家，並將天下納入手中。

日本戰國時代，經歷了室町幕府、安土桃山時代，最後又歸於德川幕府。看似繞了一大圈回到原點，但其實內容完全不同。為什麼這麼說呢？日本三大幕府政權，首先是源賴朝的鎌倉幕府，出發點是為了實質擺脫京畿朝廷的統治，打造關東武士的國度。後來因為朝廷企圖插手，鎌倉幕府才透過戰爭將勢力擴大到全日本。

而本書的室町幕府，將政治的重心放在京都的室町殿。為了防止武士的大本營關東地區生變，以鎌倉府體制來管理。從這一點來看，關東與關西的抗爭其實在室町時代已經白熱化。室町幕府是建立在合議制度上，幕府將軍只是全日本所有武士的頂頭共主，因此當幕府將軍聲勢低落之時，各地的有力人士，包括幕府體制的守護或是深耕地方的國人紛紛抬頭，透過戰國時代的紛亂進行了一場大洗牌。

洗牌整併之後，德川家康以舊瓶裝新酒的方式，建立幕府統御全日本的武士。但德川幕府並非合議制度，而是採用幕藩體制。德川幕府挾著強大的領地以及軍隊，作為武士政權之主，各地的大名化身為藩，受到德川幕府管理。也正是因為經歷了戰國時代的勢力整合，德川幕府比起室町幕府，握有更加強大的控制力。

我在高中時代，藉由小說以及歷史策略遊戲《信長之野望》接觸到日本戰國時代，至今已經快要二十年。雖然未曾受過正規的日本史學訓練，僅藉由戰國旅遊、參觀城池與古戰場、閱讀日文及中文的日本戰國歷史書籍，拼湊出一套自我流的解讀法。加上我從事日語導遊、日語領隊的工作，藉由帶團解說的工作經驗，琢磨出這一套無痛入門的「八點檔便利商店理論」。乍看之下好像是旁門左道，但應該能夠為初學者建立入門知識，也期許能為進階者概略解說當代的框架體系。

各位讀者讀完這本書之後，如果能產生「原來如此，這樣解釋我就明白了」的心得，我會非常高興。一兩年後，等到各位讀者累積屬於自己的史觀，若是能對我說出「我認為月翔的說法，有哪些地方不適當，應該要如何修正」，這將會是我莫大的榮幸。

我衷心地希望，這本書能成為各位讀者認識日本戰國時代的起點，或是深入研究的指路牌。期待有一天，大家都能成為我月翔兵長的「戰友」，與我侃侃而談、分享自己的史觀。

我的拙作能夠付梓，真的要感謝許許多多前輩的幫助，這些研究日本戰國時代的前輩，給了我很多啟發以及指教。也感謝遠足文化，願意費心勞力地支援我各種天馬行空的想法以及請求。就連遠在日本的真田幸村第十四代・仙台真田家的第十三代當主真田徹先生，也願意鼓勵我這個來自臺灣的無名小卒。要感謝的人實在太多了，請容我謝天，以表對各位的感謝之意。

月翔　西元二〇一九年六月

參考書目

丸山裕之《図説室町幕府》 戎光祥出版
黒田基樹《戦国北条氏と合戦》 戎光祥出版
平山優《穴山武田氏》 戎光祥出版
平山優《武田氏滅亡》 角川選書
平山優《川中島の戦い　上》 学研M文庫
平山優《川中島の戦い　下》 学研M文庫
丸山和洋《戦国大名武田氏の家臣団》 教育評論社
丸山和洋《戦国大名武田氏の権力構造》 思文閣出版
柴辻俊六《新編武田信玄のすべて》 新人物往来社
柴辻俊六《武田信虎のすべて》 新人物往来社
柴辻俊六《武田勝頼のすべて》 新人物往来社
渡邊大門《真実の戦国時代》 柏書房
久留島典子《日本の歴史13　一揆と戦国大名》 講談社学術文庫
池上裕子《日本の歴史15　織豊政権と江戸幕府》 講談社学術文庫

杉山博《日本の歴史11　戦国大名》　中公文庫
小和田哲男《戦国合戦事典》　ＰＨＰ文庫
藤本正行《長篠の戦い》　洋泉社
藤本正行《桶狭間の戦い》　洋泉社
《日本戦史　戦国編1》　学研M文庫
《日本戦史　戦国編2》　学研M文庫
《地図で読む戦国時代》　知的生き方文庫
《歴史群像　風雲信長記》　学研
《歴史群像　徳川家康》　学研
《歴史群像　俊英明智光秀》　学研
《新歴史群像　信長と織田軍団》　学研
《諸国の合戦争乱地図　東日本編》　人文社
《諸国の合戦争乱地図　西日本編》　人文社
《戦国大名３７０出自事典》　新人物往来社
《越後の龍　謙信と上杉一族》　新人物往来社

戰國時代年表

西元	關東地區 武田・上杉・北條三家要事	京畿地區 織田・豐臣・德川三家要事
1417	上杉禪秀之亂結束。禪秀方的武田信滿自盡，甲斐陷入混亂。	第四代將軍足利義持，命關東勢力出兵，協助鎌倉公方剿平上杉禪秀之亂。
1429	鎌倉公方足利持氏，不滿足利義教就任將軍。	第五代將軍足利義量於一四二五病死，在位僅兩年。前任將軍義持代理政事，直到一四二八年病逝。隨後由足利義教就任。
1438	鎌倉公方足利持氏，蔑視幕府並意圖發兵攻打關東管領。引發永享之亂。	將軍足利義教，發兵攻打鎌倉公方。史稱永享之亂。
1439	足利持氏自盡，永享之亂終結。關東陷入無公方亦無管領在任的混亂期。	
1441		嘉吉之亂，將軍足利義教遭到部下暗殺而死。
1447	足利持氏之子進入鎌倉。上杉憲忠擔任關東管領。	

幕府將軍	足利義持 → 足利義教 → 足利義勝	
關東公方	鎌倉公方足利持氏	
關東管領	上杉憲基 → 上杉憲實	

年	關東	其他
1449	足利義政繼任將軍。足利持氏之子元服，名為足利成氏，鎌倉公方復活。	
1454	鎌倉公方足利成氏，暗殺關東管領上杉憲忠，爆發享德之亂。	
1455	幕府派兵追討足利成氏，足利成氏逃往古河，號為古河公方。	
1456	伊勢盛時（北條早雲）誕生。	
1458	關東在地勢力，不願接受足利政知的指揮。	幕府將軍義政派遣兄長政知前往關東，但足利政知無法進入關東，最後落腳伊豆，成為堀越公方。
1467		爆發長達十年之久的「應仁之亂」。將軍家以及兩大管領家的繼承人之戰為導火線，讓京都成為戰場。
1476	北條早雲的姊夫今川義忠戰死，早雲介入今川家繼承問題。	
1477		應仁之亂終結，直轄於幕府將軍之下的諸國勢力重新洗牌，幕府與守護失去威信，地方勢力抬頭。

足利義尚	足利義政	
古河公方　足利成氏		鎌倉公方 足利成氏
堀越公方　足利政知		
上杉顯定	上杉房顯	上杉憲忠

1482	享德之亂終結，幕府承認關東同時存在古河、堀越兩公方。	
1486	扇谷上杉暗殺家宰太田道灌，隔年引發扇谷上杉以及山內上杉兩大勢力對立「長享之亂」。	
1487	北條早雲協助外甥今川氏親奪回家督。	
1493	京畿發生明應政變，足利義稙流亡，由足利義澄就任將軍。早雲趁機攻打足利茶茶丸。	應仁之亂後，三管領的細川家獨大。細川政元發動政變改立新將軍足利義澄。史稱「明應政變」。
1498	足利茶茶丸自盡。北條早雲統治伊豆。	
1501	北條早雲攻下小田原城，將勢力擴展至相模。	
1507	長尾為景（謙信之父）下剋上逼死越後守護。武田信虎（信玄之父）成為家督。	細川政元遭到暗殺，細川家內部分裂。
1508	武田信虎擊敗叔父油川信惠。	被罷黜的前將軍足利義稙重回京都。足利義澄失勢離開京都。

足利義尚　足利義稙　足利義澄　足利義稙

古河公方　足利成氏　　古河公方　足利成氏

堀越公方　足利政知　　堀越公方　足利茶茶丸

上杉顯定

1510	關東管領上杉顯定討伐長尾為景，兵敗而死。	
1512	古河公方父子相爭，長子高基就任古河公方。	
1518	古河公方足利高基之弟，還俗並自稱小弓公方。	
1521	北條早雲逝世。武田信玄誕生。	
1523	早雲之子氏綱改姓氏為北條。	
1530	上杉謙信誕生。	
1534	北條藉由介入家督繼承戰，分化小弓公方勢力。	織田信長誕生。

	足利義稙		足利義晴	
		古河公方　足利高基		
			小弓公方　足利義明（足利高基之弟）	
	上杉顯實	上杉憲房	上杉憲寬	上杉憲政

1535		家康的祖父松平清康，遭部下暗殺身亡。
1536	武田信玄元服。今川家發生繼承人之戰「花倉之亂」，今川義元就任家督。長尾為景交棒給長尾晴景（謙信之兄）。	
1537	武田與今川同盟，導致北條斷絕與今川的良好關係。	
1538	北條氏綱奉古河公方之名，擊殺小弓公方。	
1540	北條氏綱將女兒嫁給古河公方足利晴氏。	
1541	武田信虎聯合國人攻打信濃小縣郡，真田一族流亡。武田信玄放逐父親信虎。北條氏綱逝世。	
1542	武田信玄攻打諏訪。伊達天文之亂，伊達家想將兒子過繼給越後守護。	德川家康誕生。
1545	北條氏康與武田、今川停戰，專心對抗關東的反北條勢力。	

足利義晴

古河公方　足利晴氏

小弓公方　足利義明（足利高基之弟）

上杉憲政

1546	武田勝賴誕生。真田出仕武田。北條氏康在河越夜戰大勝，扇谷上杉滅亡，關東管領勢力大幅衰退。	
1547	信玄頒定甲州法度之次第（二十六條本）。	身為人質的家康，在送往今川途中，被轉送到織田。
1548	長尾景虎（謙信）繼承長尾家。	信長迎娶齋藤道三之女（濃姬）為妻。
1549		家康之父松平廣忠遭暗殺，今川用人質交換，將家康送往駿府。
1551		織田信秀逝世，信長接任家督。
1552	關東管領上杉憲政逃往越後投靠謙信。	
1553	第一次川中島之戰。	

足利義輝

古河公方 足利義氏　｜　古河公方 足利晴氏

上杉憲政

1554	信玄追加甲州法度次第（五十五條本）。武田、北條、今川互相結盟（三國同盟）。古河公方起兵攻打北條，兵敗。	
1555	第二次川中島之戰。古河公方之子，同時也是北條外甥的足利義氏元服。	德川家康元服。織田信長奪取清洲城，除掉織田大和守。
1557	第三次川中島之戰。	德川家康與築山殿成親。
1558	武田信玄就任信濃守。足利義氏就任古河公方。	織田信長裝病誘殺胞弟信行。
1559	武田信玄出家，並以信玄為法號。謙信上洛拜謁天皇與將軍，取得繼承關東管領的特權。北條氏康隱居。	織田信長放逐尾張上四郡的織田伊勢守。
1560	上杉謙信以擁護關東管領之名，進攻關東。	織田信長於桶狹間之戰擊斃今川義元。德川家康於岡崎城獨立。
1561	第四次川中島之戰。上杉謙信出兵包圍小田原城，在鎌倉就任關東管領。	
1562	武田信玄攻打西上野，武田與北條聯手牽制上杉謙信。	織田信長與德川家康締結清洲同盟。家康用人質交換方式，救回身在駿府的妻兒。

足利義輝

古河公方 足利義氏

上杉憲政

上杉謙信

1564	第五次川中島之戰。上杉景勝成為謙信養子。	德川家康平定三河境內一向一揆。
1565	信玄之子武田義信，意圖謀反之事曝光。	幕府將軍足利義輝遭襲擊而死。織田信長將養女嫁給信玄之子勝賴。
1566	上杉謙信在下總國戰爭失利，關東國人眾投向北條。	家康將姓氏由松平改為德川。
1567	武田義信自盡，武田改變方針攻打盟國今川。	織田信長擊敗齋藤，將稻葉山城改名為岐阜城。
1568	武田信玄與德川家康約定瓜分今川領地，信玄背盟攻打今川的駿府城。北條與武田斷交。	足利義榮就任將軍，同年織田信長擁立足利義昭上洛，義榮病逝。家康與信玄約定瓜分今川領國。
1569	北條與上杉結盟，北條三郎送至上杉家當人質。	
1570	上杉謙信出家。北條三郎成為謙信養子，改名為上杉景虎。	織田信長與義昭關係開始惡化。金崎撤退戰，信長攻打朝倉時，遭到妹婿淺井長政夾擊。六月爆發姊川之戰。
1571	北條氏康逝世。北條與上杉斷交，重新與武田結盟。	相傳織田信長火燒比叡山。

1564–1565	1566–1567	1568	1569–1571
足利義輝		足利義榮 足利義昭	足利義昭

古河公方 足利義氏

上杉謙信

年			人物
1572	武田信玄在三方原之戰擊敗德川家康。	織田信長對足利義昭下最後通牒「異見十七條」。德川家康敗於三方原之戰。	足利義昭（1572–1573）；古河公方　足利義氏；上杉謙信
1573	武田信玄逝世，武田勝賴接棒。	織田信長將義昭逐出京都，室町幕府滅亡。淺井、朝倉滅亡。	足利義昭；古河公方　足利義氏；上杉謙信
1574	武田勝賴攻下高天神城。	織田信長與德川家康未能救援高天神城。信長屠殺伊勢長島一向一揆軍。	古河公方　足利義氏；上杉謙信
1575	長篠之戰，武田勝賴兵敗。	織田信長與德川家康聯軍，在長篠之戰大勝。	古河公方　足利義氏；上杉謙信
1576	上杉謙信攻打能登七尾城。	織田信長下令修築安土城。	古河公方　足利義氏；上杉謙信
1577	手取川之戰，上杉謙信擊敗織田軍。	織田信長任右大臣。	古河公方　足利義氏；上杉謙信
1578	上杉謙信逝世，上杉爆發繼承人之戰「御館之亂」	織田信長辭退右大臣。荒木村重背叛信長。	古河公方　足利義氏；上杉謙信
1579	上杉景勝在御館之亂獲勝，出身北條的上杉景虎自盡。北條與武田斷交。	德川家康之子信康涉嫌謀反，家康下令處死正室築山殿。織田信長處決荒木村重一族。	古河公方　足利義氏

1580	北條透過德川疏通，表達有意從屬織田信長。北條氏政隱居。	石山戰爭結束，織田信長放逐辦事不力的軍團長佐久間信盛。德川家康的長子信康自盡。
1581	越後發生新發田重家之亂，上杉景勝受到織田軍與新發田軍兩面包夾。	織田信長舉辦閱兵儀式。織田信雄平定伊賀。豐臣秀吉攻下鳥取城。
1582	武田滅亡。本能寺之變後，北條與德川一度相爭，史稱天正壬武之亂。	織田信長死於本能寺之變。德川家康穿越伊賀回到領地。豐臣秀吉在山崎合戰中擊敗明智光秀。清洲會議。
1583	北條與德川締結婚姻同盟。	豐臣秀吉在賤岳之戰獲勝，柴田勝家及織田信孝自盡。
1584		小牧長久手之戰，豐臣秀吉對抗織田信雄、家康聯軍。
1585		豐臣秀吉平定四國並就任關白。德川家康的重臣石川數正，背叛家康出奔投向秀吉。
1586	上杉景勝臣服於豐臣秀吉。	天正大地震，豐臣秀吉放棄武力攻打德川家康。家康上洛，宣示臣服於秀吉。
1587		豐臣秀吉平定九州。

古河公方　足利義氏

1588	北條氏規上洛。要求豐臣秀吉處理沼田問題。	豐臣秀吉邀請天皇行幸聚樂第。德川家康強硬地要求盟國北條上洛謁見秀吉。
1589	豐臣秀吉對沼田問題下裁決，北條主戰派不服，攻打名胡桃城。	豐臣秀吉對沼田問題下判決，將沼田三分之二領地劃分給北條，剩餘給真田。
1590	小田原之戰，北條滅亡。當主北條氏直被迫進入高野山出家。	豐臣秀吉下令攻打小田原城，戰後德川家康被轉封至關東。
1591	北條氏直獲赦，隨後病死。	豐臣秀吉命外甥秀次、德川家康鎮壓奧州一揆。秀吉之弟豐臣秀長病逝，千利休自盡。
1592		展開文祿之役。
1593		日本與明帝國展開談和。
1595		豐臣秀吉的外甥豐臣秀次自盡。
1596		日本與明帝國談和破局。

1597		展開慶長之役。	
1598	上杉景勝奉秀吉之命，轉封至會津。	豐臣秀吉病死，慶長之役終結。	
1599		前田利家病逝，前田家決定臣服於德川家康。石田三成辭去奉行之職，蟄居佐和山城。	
1600	上杉的家臣直江兼續，以直江狀來拒絕德川家康的上洛要求。關原之戰後，上杉家被減封。	關原之戰，石田三成說服毛利輝元擔任西軍總大將，最後由德川家康獲勝。	
1603		德川家康任征夷大將軍，創立江戶幕府。豐臣秀吉之子秀賴，與家康孫女千姬成婚。	德川家康
1605		德川秀忠繼任將軍。	德川秀忠
1611		豐臣秀吉之子秀賴，在二條城與德川家康會面。	

1614	上杉在德川的命令下，出兵參加大坂冬之陣。	德川以方廣寺鐘銘文為由，意圖逼迫豐臣秀賴臣服。豐臣與德川的戰爭「大坂冬之陣」以談和結束。	德川秀忠		
1615	上杉在德川的命令下，出兵參加大坂夏之陣。	大坂夏之陣，德川獲得勝利，豐臣滅亡。			
1616		德川家康病逝。			

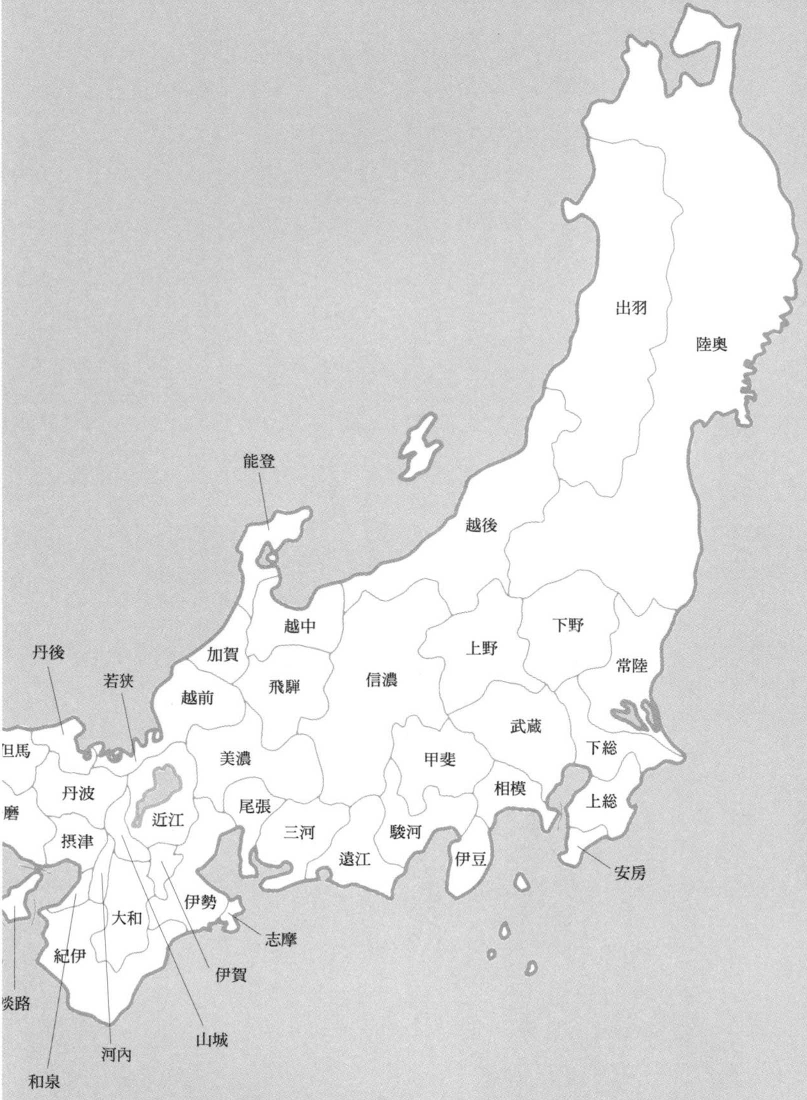

出羽
陸奥
能登
越後
越中
下野
加賀
上野
常陸
丹後
若狭
越前
飛騨
信濃
武蔵
美濃
甲斐
下総
丹波
相模
上総
尾張
近江
三河
駿河
摂津
遠江
伊豆
安房
伊勢
大和
志摩
紀伊
伊賀
淡路
山城
河内
和泉

令制國地圖

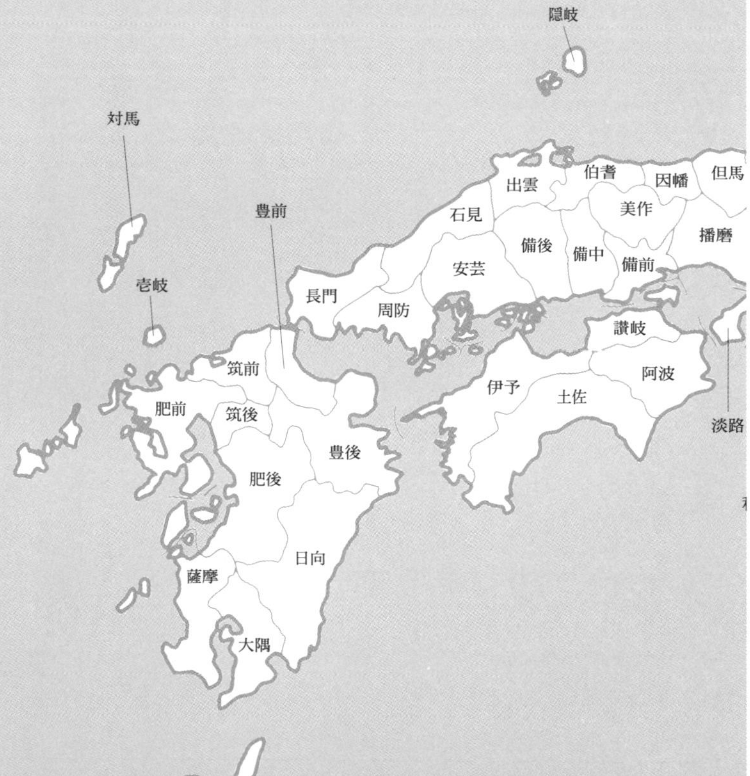
隠岐
対馬
豊前
壱岐
出雲
伯耆
因幡
但馬
石見
美作
播磨
備後
備中
備前
安芸
長門
周防
讃岐
筑前
伊予
土佐
阿波
肥前
筑後
淡路
豊後
肥後
日向
薩摩
大隅

國家圖書館出版品預行編目 (CIP) 資料

日本戰國這樣讀 / 月翔作 . -- 初版 . -- 新北市 : 遠足文化 , 2019.07
面； 公分 . -- (大河 ; 44)

ISBN 978-986-508-013-6(平裝)

1. 戰國時代 2. 日本史

731.254 108009101

大河 44

日本戰國這樣讀

作者——— 月翔
出版總監——— 陳蕙慧
總編輯——— 郭昕詠
行銷總監——— 李逸文
資深行銷
企劃主任——— 張元慧
編輯——— 陳柔君、徐昉驊
封面設計——— 萬亞雰
排版——— 簡單瑛設
插畫——— 汪熙陵

社長——— 郭重興
發行人兼
出版總監——— 曾大福
出版者——— 遠足文化事業股份有限公司
地址——— 231 新北市新店區民權路 108-2 號 9 樓
電話——— (02)2218-1417
傳真——— (02)2218-0727
電郵——— service@bookrep.com.tw
郵撥帳號——— 19504465
客服專線——— 0800-221-029
Facebook ——— https://www.facebook.com/saikounippon/
網址——— http://www.bookrep.com.tw
法律顧問——— 華洋法律事務所 蘇文生律師
印製——— 呈靖彩藝有限公司

初版一刷 西元 2019 年 7 月
初版五刷 西元 2022 年 2 月

Printed in Taiwan